Elba y Fam.

Que María
Magdalena sea
tu amor y
compañera.

Cuando Dios quiere
algo SE HACE.

† Juan ❧

EL PROYECTO MAGDALA
UN DESCUBRIMIENTO DEL SIGLO I PARA
EL HOMBRE DEL TERCER MILENIO

A los que buscan.
A los que creen.

JESÚS GARCÍA

EL PROYECTO
MAGDALA
UN DESCUBRIMIENTO DEL
SIGLO I PARA
EL HOMBRE DEL
TERCER MILENIO

Primera edición: marzo de 2016

ISBN: 978-84-945713-0-5
Depósito Legal: M-23646-2016

Diseño de cubierta: Safekat, S. L.
Realización gráfica: Safekat, S. L.
Impreso en España - Printed in Spain

ÍNDICE

TESTIMONIO FLAVIANO

Por estas fechas vivió Jesús, un hombre sabio, si es que procede llamarlo hombre. Pues fue autor de hechos extraordinarios y maestro de gentes que gustaban de alcanzar la verdad. Y fueron numerosos los judíos e igualmente los griegos que ganó para su causa. Éste era el Cristo. Y aunque Pilato lo condenó a morir en la cruz, por denuncia presentada por las autoridades de nuestro pueblo, las gentes que lo habían amado anteriormente tampoco dejaron de hacerlo después, pues se les apareció vivo de nuevo al tercer día, milagro éste, así como otros más en número infinito, que los divinos profetas habían predicho de él. Y hasta el día de hoy, todavía no ha desaparecido la raza de los cristianos, así llamados en honor de él.

Antigüedades judías. Capítulo 18, 3.
Flavio Josefo. Historiador judío y Gobernador de Galilea de 66 a 68.

NOTA

Este libro es una crónica de los acontecimientos ocurridos en torno a Magdala a partir del año 2004, entre ellos, el descubrimiento de las ruinas de la citada antigua ciudad de Magdala, en Israel.

Con éstas líneas, su autor y protagonistas pretenden dejar registro de lo ocurrido en torno a este acontecimiento, para gloria de Dios y bien de los hombres.

El texto se deriva de las conversaciones y entrevistas mantenidas entre el autor y el padre Juan Solana —testigo excepcional desde su involucración por medio de la gracia en todo lo acontecido en la Magdala que hoy conocemos—, así como de diferentes entrevistas a muchas de las personas involucradas con su trabajo en el Proyecto Magdala.

Todos los protagonistas de esta historia, así como los lugares y hechos descritos, son auténticos, habiendo sido conservada la identidad de sus protagonistas como valor historiográfico de la obra. Tan solo en alguna ocasión muy excepcional, por circunstancias que consideramos superiores al propio valor documental e historiográfico, la identidad real de algún protagonista o del lugar donde ha acaecido el hecho narrado, ha sido modificado por una identidad o ubicación ficticia o diferente.

Juan María Solana, LC
Jesús García

Introducción
CONOCIENDO AL PADRE
JUAN MARÍA SOLANA

Cuando los escritores terminamos un libro, ya antes de que esté en el mercado, nos ronda en la cabeza y el corazón la inquietud de con cual empezamos de nuevo. Así me encontraba yo a finales del verano de 2013. Ante el vacío que deja un libro terminado del que sólo Dios sabe cual será su curso, y el ilusionante reto de emprender otro nuevo del que sólo Dios sabe su contenido.

He de decir que siempre que emprendo un proyecto, lo llevo a la oración. Con mucha confianza en el Señor, le pregunto a Él qué hago. Decía Picasso que la inspiración siempre le sorprendió trabajando. Mi experiencia es diferente, y sin pretender hacer ni sombra al genial artista malagueño, he de decir que a mí la inspiración siempre me sorprendió orando. Una vez inspirado a través de la oración, es cuando ya emprendo el trabajo. La idea de trabajar sin inspiración me hace presente que la prioridad en toda tarea es la búsqueda de Dios. Como leeréis más adelante en esta asombrosa historia, me lo encontré, y de qué manera.

Un miércoles por la tarde de aquel final de verano marché a la iglesia de San José de la Montaña, en Madrid, a participar de un rato de adoración. Por esos días tenía muchas cosas en la cabeza. Para empezar, la celebración de una inminente boda. No era una boda cualquiera, no. Se trataba nada menos que la mía, con fecha para el 12 de octubre. No me duele reconocer que esa tarde, como algunas otras, teniendo tantas cosas en el corazón y en la cabeza, me quedé dormido ante el Señor. Ignoro cuánto tiempo pasé así. Fuera el que fuese, de pronto me desperté, un poco sobresaltado, sabiendo desde el primer instante que el Señor, en ese sueño, se había manifestado.

Agarré enseguida el teléfono móvil y escribí un mensaje a la mujer con la que apenas un mes después me casé: «El Señor me ha dado una luz». No lo sabía explicar mejor en ese momento, pero al despertar percibí que en mi conciencia, en mi inteligencia y en mi corazón, había habitado una idea que venía de fuera. Más que una idea, era una certeza. La certeza clara sobre el tema del que trataría mi próximo libro. La certeza absoluta, indudable, de a qué dedicaría el único talento profesional que tengo, en el plazo aproximado de un año.

Al llegar a casa hablé con la que era mi prometida, hoy esposa, sobre lo que había pasado. En realidad me limité a escribirle otro mensaje: «Ya sé sobre qué voy a escribir el próximo libro. Mañana te lo digo, es muy tarde».

El móvil no tardó ni dos segundos en sonar. Era ella.

—¿Pero tú te crees que me vas dejar así toda la noche?

—Está bien. Voy a escribir un libro sobre Tierra Santa —le dije yo.

—¡Qué bien! ¡Me encanta el tema! ¿Qué vas a hacer? ¿Una guía de una peregrinación?

—No lo sé. Aunque una guía, no lo creo. Ya hay demasiadas.

—¿Un libro sobre Jesús? ¿Un libro histórico de Jerusalén o algo así?

—Cielo, no tengo ni idea. Solo sé que el Señor ha puesto su idea en mi corazón y que ya me dirá cómo y sobre qué. Como vamos a ir allí dentro de poco, veremos cómo acontece. Siempre lo hace.

—Pues es verdad. Siempre lo hace.

Hacía meses que habíamos planeado que la primera parte de nuestro viaje de novios sería a Tierra Santa. No formando parte de ninguna peregrinación organizada, más bien yendo un poco por nuestra cuenta, pero sí contando con algo de ayuda local.

En el año 2006 yo había ido allí a trabajar. Recién terminada la guerra entre Israel y Líbano, los Legionarios de Cristo querían darle un empujón a las peregrinaciones, que estaban absolutamente paradas. Contactó entonces conmigo Ana Palacios, un señora de Madrid que organizaba estas peregrinaciones. Gracias a ella conocí Israel.

Los Legionarios de Cristo administraban desde 2004 un centro de acogida de peregrinos, dependiente de la Santa Sede, en Jerusalén. Se llama Instituto Pontificio Notre Dame de Jerusalén, está frente a la Puerta Nueva de la muralla, junto a la Ciudad Vieja, haciendo esquina con Jaffa Street, y es en la humilde opinión de quien escribe, el edificio más bonito de todo Jerusalén.

Allí conocí al padre Juan Solana, director de Notre Dame, quien estuvo con nosotros aquellos ocho días de octubre de 2006, que tan buen recuerdo me dejaron para siempre.

Aquella peregrinación a Tierra Santa fue para mí una escuela a cerca de mi fe. Una catequesis brutal sobre un sinfín de temas que, habiéndolos aprendido con la cabeza, habían empezado a bajar al corazón hacía muy poco tiempo. Si bien de aquella experiencia saqué algunas conclusiones no tan buenas, también las saqué espectaculares. Sobre todo, y más que en Jerusalén, en Galilea.

En Jerusalén me fue muy difícil encontrar un lugar en el que orar. Si no conoces bien los lugares y los horarios, no es tan sencillo como pudiera parecer dar con un momento en el que pararte en silencio un buen rato y preguntarte a ti mismo, en privado, qué tienen que ver contigo los acontecimientos que allí, en ese lugar, sucedieron dos mil años antes de que tú llegaras allí. Un lugar en el espacio y en el tiempo en el que poder contemplar la grandeza de los misterios que en esa ciudad tuvieron lugar. En el que poder admirar con asombro cómo la vida del Cielo se fundió en esta tierra, para hacerte partícipe de sus maravillas en la persona de Cristo.

Eché de menos un poco de pausa en Jerusalén, en Belén, y en los lugares santos que lo rodean. Calma, tranquilidad y sosiego, elementos todos ellos importantes para hacer una buena peregrinación.

Jerusalén ha sido arrasada numerosas veces desde la Pasión, muerte y Resurrección de Cristo, reconstruida sobre sus escombros otras tantas y vuelta a destruir y reconstruir. Por tanto, no es mucho lo que nos queda de la ciudad que conoció el Señor, siendo en ocasiones difícil trasladarte desde allí a los episodios de la Pasión y a otros tantos que se narran en los Evangelios sobre la vida de Jesús, aún teniendo la certeza documental, como pasa por ejemplo en el Santo Sepulcro, de que ese, y no otro, es el lugar.

Entrar en la Basílica del Santo Sepulcro en hora punta de peregrinos puede asustar al viajero occidental que llega a Israel con una idea hecha de lo que es el respeto a un lugar sagrado. Más aún si a donde vamos es al más importante lugar de la Cristiandad, en el que sucedieron la muerte, el enterramiento y la resurrección de Cristo.

Esta Basílica es a día de hoy el conglomerado desordenado resultante de diferentes construcciones y destrucciones a lo largo de dos mil años, en la que se han empleado diferentes estilos, materiales, sensibilidades artísticas y arquitectónicas, dando finalmente lugar a la actual basílica, en la que conviven hasta seis confesiones cristianas diferentes, con sus diferentes formas de entender no solo los ritos y las formas, sino la vida. Así, el Santo Sepulcro es custodiado por cristianos de los ritos latino, griego, armenio, copto, sirio y etíope, siendo algunos de ellos católicos y otros ortodoxos. Todos ellos cristianos, con diferentes conceptos del orden, del silencio, de lo terreno y de lo sagrado. Siendo cierto todo esto, he de dejar escrito también que no hay lugar en toda la Tierra en que a uno se le encojan las entrañas tan lleno de agradecimiento como al entrar en la tumba de Jesús. Misterio vivo fugado de entre los muertos, losa que soportó el cadáver de Cristo durante cuarenta horas, un cadáver frío, desangrado, inerte. Un saco de huesos rotos sin más vida que la piedra helada y que en ese minúsculo lugar abrió las puertas de mi vida eterna. ¡Cómo no conmoverse en medio incluso de tanto jaleo!

¡Cómo no sentirse herido de amor ante el misterio tangible de la tumba vacía! ¿De qué pasta puede estar hecho el hombre que no se conmueva poniéndose de rodillas ante esa losa de piedra en la que Dios Padre le devolvió la vida? Eso es allí, en Jerusalén. El lugar más santo y sagrado de la Tierra que los hombres hemos convertido tantas veces en una escombrera, permanece esperando al peregrino que lo quiera tocar, que lo quiera ver, en el que quiera orar y asombrarse como se asombró la madrugada de aquel domingo una mujer galilea llamada María Magdalena.

Una vez dicho esto, quiero destacar que todo lo que eché en falta en Jerusalén, sin necesitar nada más, lo encontré con creces en Galilea. Porque por mucho tiempo que haya pasado, el lago sigue siendo un lago, el monte sigue siendo un monte, y porque para bien nuestro, de los cristianos, aquello no se ha explotado como una mentalidad occidental capitalista hubiese intentado.

Galilea, a dos horas en coche desde Jerusalén rumbo norte, es la región en la que vivió Jesús desde que regresó con sus padres de Egipto, cuando tenía unos seis años, hasta su muerte en Jerusalén, al rededor de los 33. Primero vivió con sus padres en Nazaret. Más tarde, en Cafarnaum, desde dónde se movió sin parar durante los tres años de vida pública, iniciando una frenética actividad que, en realidad, da lugar al ochenta por ciento de los episodios narrados en los Evangelios, la mayoría de los cuales sucedieron en torno al Mar de Galilea —cuando no literalmente en medio de él—, conocido por los nombres de Lago de Genesaret, Lago Tiberiades, Mar de Tiberiades o Mar de Genesaret. Siendo diferentes formas de nombrar al mismo lago, a mí siempre me ha gustado llamarlo Mar de Galilea, y así lo haré a partir de ahora en esta obra.

El Mar de Galilea es un lago de agua dulce que recibe desde el norte el caudal del río Jordán, desde los Altos del Golán, y que desagua el caudal formando el mismo río, abriéndose paso hacia el sur, atravesando la región de Samaria y llegando a la de Judea, para terminar desembocando al Mar Muerto, que no es sino otro lago, aunque en este caso salado, unos cien kilómetros al sur del citado de Galilea.

Tiene el Mar de Galilea un perímetro de 53 kilómetros, está situado a 214 metros bajo el nivel del mar, tiene una profundidad media de 26 metros y es a día de hoy el mayor embalse de agua dulce del que bebe la mayoría de la población de Israel. En tiempos de Jesús, era la principal fuente de alimentación de las poblaciones que anidaban en su costa.

Como ha quedado dicho, es importante recordar que aquí, en el Mar de Galilea, tuvo lugar casi toda la vida pública de Jesús. Esos tres años previos a su semana de pasión, iniciados en Caná de Galilea, en las bodas más conocidas de la Historia, Jesús recorre la mayoría de pueblos y aldeas que hay en torno al lago, predicando el Evangelio, la llamada a la conversión, y haciendo numerosos milagros como signos de la veracidad de sus palabras.

Convivió aquí Jesús durante esos tres años con miles de personas ante las que hizo milagros, cuando no se los hizo directamente a ellos. ¿Te puedes imaginar? Tú eres un habitante de una aldea del lago. Un judío, trabajador en cualquier caso, y tienes un hijo que nació sordo. O paralítico. Cojo de una pierna. Ese hijo tuyo ha sido la espina de tu vida. Te sientes castigado por Dios y muchos de tus vecinos te miran con desapego. Un día cualquiera, regresas a tu casa molido por el cansancio, dispuesto a coger el sofá y el mando a distancia de la época, que no sé cual sería entonces. El trabajo en el campo es muy duro y aunque este año la cosecha no ha estado mal, te duele todo el cuerpo y siempre te martillea en la cabeza la pena de no tener a tu hijo ayudándote, a tu lado, contigo. Ese día, al llegar a casa, ves que tu hijo está de pie en la puerta. Te quedas mirando de lejos, y ves cómo él se acerca caminando como si nada, con la cara iluminada y empapada en llanto. Ponte en situación de todos aquellos que vivieron una curación y piensa lo que quieras.

Son numerosas las citas evangélicas en las que se señalan ciudades concretas con su nombre y el de muchos de sus habitantes. Sabemos por el Evangelio que Pedro y su hermano Andrés son de Betsaida, y que vivían ya adultos en Cafarnaum. O que un tal Simón que ayudó a Jesús a llevar su cruz, venía de un lugar llamado Cirene. Otras ocasiones leemos el nombre de una ciudad en la que Jesús hace milagros, aunque no sabemos el nombre de quien ha sido bendecido con ellos. Es el caso de un pueblo llamado Naín, en el que Cristo resucitó a un chaval identificado precisamente como el hijo de la viuda de Naín. No sabemos el nombre del muerto ni el de su madre. Pero sí el del pueblo, y lo podemos localizar en un mapa de Galilea, muy cerca de Nazaret.

Otras veces el Evangelio nos da nombres de aldeas ligadas a personajes de importancia manifiesta, como es el caso de María de Magdala. En esta caso también nos cuentan los Evangelios no sólo algo que el Señor ha hecho con ella —la liberó de siete demonios—, sino muchas más cosas que hizo ella directamente. Estuvo al pie de la cruz; fue a la tumba de Jesús; preguntó a un hortelano por el cadáver... y gritó: ¡Raboni!, que significa «¡Mi maestro!».

En aquella peregrinación de 2006 en la que conocí Galilea, pude bañarme en las mismas aguas en las que muchos de los apóstoles, pescadores la mayoría de ellos, trabajaron toda su vida antes de conocer a Jesús. Eran las mismas aguas, no lejos de la orilla, a las que se asomó Jesús un buen día y se fijó en un pescador de rudo aspecto llamado Pedro. El hombre llevaba toda la noche echando las redes a esas mismas aguas sin lograr pescar ni un sólo resfriado. En esas aguas he podido ver enormes bancos de peces agitándose en la superficie, en una escena que me ha llevado a imaginar la cara de asombro con que Pedro y su hermano Andrés, recogieron aquella mañana las redes llenas, a punto de estallar de peces. «¿Quien eres tú? ¿Qué ha pasado aquí?», se preguntaron en esa misma orilla que yo pisaba aquel día.

Pude navegar en barca y detenerme en medio del lago a contemplar el mismo cielo al que el Señor, elevando su mirada, oraba al Padre por ellos y por mí. Pude coger del fondo una piedra que me llevé de recuerdo a mi casa y que por medio del agua, estoy seguro, estuvo en contacto con el Maestro. Esa puesta de sol, es la que vio Cristo. Ese amanecer, también. ¿Cuantas veces contempló el Señor esa misma luna en ese mismo cielo, desde el mismo lugar, más o menos, en que la contemplé yo al menos una vez?

Leer el Evangelio en el lugar en que sucedió lo que estás leyendo es como leer un libro interactivo, que te lleva sin hacer ningún esfuerzo a saborear los elementos que rodean a una escena descrita en un texto. Los olores, los sonidos, los colores del cielo y del agua, cambiantes a medida que avanza el día y que no son iguales por la tarde que por la mañana. Caminar allí por esos caminos milenarios, con la certeza de que Jesús los caminó igual que yo. Todo eso se vive, se contempla, se admira y saborea en el Mar de Galilea. Si tantas veces un pasaje del Evangelio dio luz a mi vida, la experiencia vivida en Galilea dio luz al propio Evangelio. ¡Es su entorno original! Es la tierra donde estuvo Jesús, ¡tal y como era!

Leer el Evangelio en Galilea es como leer el cuento de Caperucita en la cabaña de la abuelita. Como leer un libro de guerra metido en una trinchera. Como leer un libro de pintura figurando en un dibujo de Goya.

Allí, en esos dos días en Galilea que parecieron por momentos un viaje en el tiempo, estuve con el padre Juan Solana, como he dicho, director de Notre Dame. Además de acompañarnos a diferentes lugares de por allí cerca, se empeñó en enseñarnos un terreno que lindaba con el mar y que, al parecer, había comprado él para su congregación con el fin de construir allí una iglesia y una casa para peregrinos. Nos contó entonces un proyecto que me pareció descomunal, con miles de peregrinos yendo a ese lugar a rezar, en busca de Jesús. Yo, echando un vistazo alrededor, pensé que aquel hombre lleno de buenas intenciones iba a necesitar mucha ayuda del Cielo, para lograr hacer algo en aquel terreno lleno de pedruscos y malas hierbas. Años después he de decir que, efectivamente, el Cielo le ayudó.

En resumen, la experiencia de aquel viaje de 2006 fue tremenda. Me encantó. Me ha ayudado mucho en lo que ha sido el vivir mi vida en los años que han pasado, y con bastante frecuencia vuelvo con el recuerdo a aquellos días en los que estuve en la Tierra del Señor por primera vez.

Con el padre Juan Solana hice buenas migas. No es complicado, ya que es un hombre abierto, simpático, muy agradecido y cercano. A mí me echó una mano en mi trabajo consiguiéndome y acompañándome a un par de entrevistas. Incluso me ofreció quedarme a trabajar allí con él un año. Por aquellos días su asistente personal, un joven mexicano, se marchaba a España a continuar con sus estudios, y el padre necesitaba a alguien que le echara una mano con sus asuntos. Aunque la tentación de estar al menos un año en Jerusalén era tremenda, tuve que decir que no por motivos personales, y durante todos estos años, aún sabiendo que hice lo que tenía que hacer en ese momento, siempre tuve clavada una pequeña espina en la ocasión perdida de vivir un año en Jerusalén. Esa espina de vez en cuando se movía, y me dolía.

Desde 2006 hasta 2013, tuvimos muy poco contacto. De vez en cuando intercambiamos algún email, y de vez en cuando recibíamos noticias recíprocas por terceras personas, pero no se puede decir que cuajáramos una amistad. Aún así, cuando yo tomé la decisión de ir a Tierra Santa de viaje de novios, con quien contacté fue con él, quien muy amablemente y con una alegría muy animosa, me ofreció su ayuda, en la medida de sus posibilidades, que la verdad, siendo director de un hotel en Jerusalén, eran muchas. Y las aproveché.

Del viaje de novios daré un salto hasta el último día. Los siete anteriores solo pudimos compartir con el padre Juan una divertida ceremonia de renovación de votos matrimoniales en Caná. Llevábamos tan solo diez días casados, motivo por el que el padre no dejó de reírse, repitiendo a todo aquel con el que se cruzaba: «Es la renovación de votos más inútil que hecho nunca. Llevan solo diez días casados, no les ha dado tiempo a gastar el Matrimonio».

No perdió su oportunidad el padre para llevarnos de nuevo a aquel terreno del que en 2006 salí como había entrado. Sin embargo, esta vez fue diferente. En el camino nos contó un poquito de la historia que contiene este libro, que no es otra que bajo aquel feo terreno, el padre había encontrado las ruinas de un pueblo del siglo I de nuestra era, y no de un pueblo cualquiera. Las piedras que había bajo el suelo eran, nada más y nada menos, que las de la antigua Magdala. Como introducción a lo que el lector va a leer en estas páginas, tan solo daré una pista. Es una de las historias más sorprendentes que he oído jamás de boca de su protagonista, de la que luego he sido testigo directo y actor muy pequeño en alguna de sus esquinas, sacándome así el Señor aquella espina que fue perder la oportunidad de conocer la Tierra Santa trabajando en ella.

La segunda vez que vimos al padre en toda esa semana fue ya en Jerusalén, el último día de nuestro viaje de novios. El padre nos invitó a cenar y he de decir que lo pasamos realmente bien. Tras dar parte de la excelente cocina del buffet de Notre Dame, subimos a la azotea del edificio a tomar algo, disfrutando de las vistas más espectaculares que nadie te puede brindar de la Ciudad Santa. Desde esta azotea se toca con la mano la muralla de la Ciudad Vieja, se llega de un brinco de vista a las dos cúpulas oscuras del Santo Sepulcro, se alcanza como si nada la dorada Cúpula de la Roca, en la Explanada de las Mezquitas, y todo esto con el Monte de los Olivos de fondo, con un foco en el cielo disfrazado de enorme luna llena, mi esposa radiante, y el Señor por ahí enredando, formando parte de todo ese escenario creado para nosotros.

Después de contarnos durante la velada, ahora sí, buena parte de la historia de Magdala, el padre Juan me pidió que la escribiera en un libro. Yo sonreí, y mi esposa, allí sentada, soltó una exclamación de sorpresa.

—¡No me lo puedo creer!

—¿Qué pasa, niña? ¿No es escritor tu marido?

—¡No me lo puedo creer! —insistió mi mujer.

—Padre. Claro que lo escribo.

No tenía ninguna idea el padre de que yo estaba esperando a que el Señor confirmara con un acontecimiento la inspiración en la que me indicó que mi próximo libro sería sobre Tierra Santa. Compartí la anécdota con el padre tan lleno de alegría como de asombro, y terminamos brindando por esta historia que, por fin, está negro sobre blanco y en varios idiomas, recorriendo el mundo entero, para gloria de Dios y alegría de los hombres, y que tú sostienes ahora entre tus manos y de la que por tanto, formas parte.

Dos días después de terminar la luna de miel regresé yo solo a Tierra Santa. Durante ocho días exprimí al padre Juan a preguntas y él a mí a datos, memorias, documentos, anécdotas y recuerdos. He de decir que no se guardó nada, o casi nada. Fue generoso conmigo, respetando mi necesidad de saber y mi ignorancia en temas que, a lo mejor en principio, no le parecieron importantes al menos en lo que se refiere a Magdala.

Tres meses más tarde volví de nuevo. En esta ocasión regresé con mi mujer. La idea era participar en el proyecto de Magdala como voluntarios durante un mes. Así, durante cuatro semanas vivimos en la casa de los voluntarios, uno de los pilares de la actual Magdala. A lo largo de 28 días cavamos a base de pico y pala en las excavaciones arqueológicas. Trabajamos en la granja, en la que nos tocó asistir en el parto a una cabra. Guiamos grupos de peregrinos, barrimos la iglesia, limpiamos cerámica de la antigua Magdala, condujimos la furgoneta por buena parte de Galilea, arreglamos el jardín, y no se cuantas cosas más en una experiencia que nos ha marcado a los dos para siempre, de por vida. No solo por ser aquello Magdala, sino por el espíritu que compartimos con los voluntarios con los que nos tocó vivir, a los que jamás olvidaremos, a los que identifico como los descendientes directos de los discípulos que acompañaron al Señor, trabajando duramente cada día al servicio de todos aquellos que llegaban a Galilea preguntando por cierto rabí de Nazaret.

Una vez terminado el trabajo de documentación, emprendo la tarea de poner por escrito esta historia que no tiene otro autor, que nadie se confunda, que la Divina Providencia. Lo que el padre Juan Solana y este humilde escribano hacemos no es otra cosa que contemplar y dar testimonio de la obra de Dios en nuestras vidas. Una vez dicho esto, es para mí una inmensa alegría darte la bienvenida al Proyecto Magdala.

Jesús García
Junio de 2014
Monasterio de María Reina, en Villanueva de Sigena
(Huesca, España)

Capítulo 00
MAGDALA, AÑO 68

Acostumbrados a vivir en un estado de agitación perpetúa, los judíos de esta población galilea, más al norte de las regiones de Judea y Samaria, viven una incómoda convivencia con el invasor romano, en un periodo en el que la región se encuentra envuelta en rebeliones y guerras. Aún así, a Magdala —conocida como Tariquea por su traducción griega— aún no ha llegado el impacto de la Gran Rebelión[1], y dentro de la incomodidad perpetua que supone el sometimiento del Imperio, aquí se vive mejor que en otras ciudades vecinas. No en vano, es la más próspera de entre todas las poblaciones que la rodean.

El lago en cuyas orillas se baña su puerto es fuente de abundante alimento para todo aquel que se embarque a trabajar, y ellos, los tariqueos como ningunos otros, han optimizado los recursos que les da el mar, exportando el

---

[1] Gran Revuelta Judía. Primera rebelión de los judíos de Judea contra el Imperio Romano, entre los años 66 y 73.

pescado sazonado hasta regiones muy distantes del Imperio. La fama del pescado de Magdala llega en ocasiones especiales hasta las mesas más exquisitas de la mismísima Roma, donde algunos pocos centuriones y tribunos ya retirados, presumen ante sus invitados de haber guerreado en la región, ofreciéndoles el exótico sabor de estos peces carnosos del Mar de Galilea, muy extraño para los caprichosos paladares de los nobles y patricios del Imperio.

El buen estatus económico de Magdala no solo se debe a la habilidad comercial de sus habitantes, a su fama de trabajadores infatigables en la dura brega contra el mar, ni a sus desarrolladas técnicas en lo que se refiere a la conservación del pescado. Los primeros habitantes de este pueblo eligieron su enclave al darse cuenta de que en ese punto del Mar de Galilea, llamado también Mar de Genesaret, confluyen tres caminos diferentes de notable importancia para el comercio de la época.

Desde Egipto hasta Damasco, surca una frenética actividad comercial por la conocida Via Maris[2], una calzada romana que, atravesando los antiguos imperios de Anatolia, Siria y Mesopotamia, enlaza la ciudad damascena con el Camino de los Reyes[3].

---

[2] Via Maris, antigua ruta comercial que, ya en la Edad del Bronce, unía Heliópolis, en Egipto, con Damasco, en Siria. En tiempos de Jesucristo, atravesaba de pleno la zona que Él habitó en Galilea, lo que sin duda contribuyó a la difusión de su vida y de la actividad propia de las primeras comunidades cristianas. Curiosamente, la Via Maris es citada en Isaías capítulo 9, y en Mateo, capítulo 4. Algunas versiones de la Biblia contienen traducida esta cita como "camino del mar", pareciendo indicar una dirección a seguir rumbo a la costa, en vez del nombre de una conocida ruta comercial.

[3] Camino de los Reyes, antigua ruta comercial que unía los ríos Nilo y Eufrates, rodeando Israel por el sur a través de la Península

Desde Damasco llega esta segunda vía de los Reyes hasta las orillas del Eufrates, trenzándose allí directamente con el inagotable intercambio de riqueza, cultura y conocimiento que es la Ruta de la Seda[4]. Cualquiera de las ciudades de paso de estas tres grandes rutas comerciales es sede afortunada para sus habitantes, cuyas fronteras se extienden así por todo el mundo conocido. Magdala es una de ellas.

Esta ubicación privilegiada facilita que del Norte bajen comerciantes sirios[5] y libaneses desde más allá de los Altos del Golán, recios montes en los que nace este río Jordán, cargando las puras aguas del sustento de los tariqueos hasta el Mar de Galilea. Los viajeros que llegan, emprenden tras los negocios el camino de vuelta con sus cabalgaduras y carretas bien provistas de un alimento delicioso y no muy caro, imposible de encontrar en sus desiertos, y que insertan a precio de oro en las citadas

Arábiga, y enlazando al final con la Ruta de la Seda. Este Camino de los Reyes es citado también en el Antiguo Testamento, en Números 20, 17; y en Números 21, 22.

[4] Ruta de la Seda, red de diferentes rutas comerciales activas entre el Siglo I a.c. y el XV d.c. Se extendía desde la ciudad china de Xi'an hasta diferentes enclaves como Constantinopla, Antioquía o Damasco, desde donde llegaba a Africa y Europa a través de otras rutas. Obviamente, su objeto único de tránsito no era la seda, sino todo tipo de elementos comerciales y culturales.

[5] La existencia de esta Via Maris que atraviesa Galilea es una de las razones de la rápida expansión de la fama de Cristo, como leemos en Mateo 4, 23 a 25: "Jesús recorría toda Galilea, enseñando en sus sinagogas. Anunciaba la buena noticia del reino y curaba las enfermedades y dolencias del pueblo. Su fama llegó a toda Siria; le trajeron a todos los que se sentían mal, aquejados de enfermedades y sufrimientos diversos, endemoniados, lunáticos y paralíticos, y él los curó. Y lo siguió mucha gente de la Decápolis, Jerusalén, Judea y del otro lado del Jordán.

rutas, perdiéndole la vista más allá de los países caucásicos.

Hacia el Occidente, a una sola jornada de camino desde el puerto de Magdala, se encuentra Séforis, la capital de Galilea. Allí llegan semanalmente todos los ganaderos, agricultores y artesanos de otras poblaciones más pequeñas de la zona, como aquella llamada Caná, famosa por sus cultivos de la vid y la obtención de un excelente vino, el más codiciado por los padres pudientes de sus hijos casaderos a la hora de regar sus bodas, celebraciones que se alargan en ocasiones hasta los siete días de una semana.

También hacia el Occidente se encuentra Nazaret, a escasos trescientos estadios o menos que se alcanzan desde Magdala en un día viajando a pie. Es un pueblo de poca importancia que jamás destacó en nada. Salvo por aquel rabino poderoso en predicación y milagros, quien desde sus casas bajas nazarenas, llegó a la región de Magdala no hace muchos años. Por algunos fue conocido antes de todo esto, pues siendo hijo del artesano y carpintero José, de la casa de David, aprendió y ejerció la profesión antes de iniciar la predicación de una nueva vida que acabó con la suya clavada en un madero, torturado y desangrado, unos treinta años atrás. Como diría de él otro galileo, llamado Natanael: "¿De Nazaret puede salir algo bueno?".

Hacia el Sur y a ocho días de marcha, atravesando Samaria, se llega desde Magdala a Jerusalén, la capital de Judea. El lugar Santo en el que el Rey Salomón construyó un Templo[6] para que habitara Yavé entre los hombres.

---

[6] Santuario principal del Pueblo de Israel. Fue construido un Primer Templo por Salomón, en el Monte Moria de Jerusalén, en torno

El destino de la peregrinación que todos los judíos del pueblo de Israel con salud y en edad, hacen cada año para celebrar la Pascua. En larguísimas caravanas que atraviesan valles, montes, ríos y desiertos, los judíos viven esta peregrinación en un ambiente festivo y alegre, celebrando la liberación de sus antepasados de la esclavitud de Egipto, quienes guiados por Moisés, llegaron hasta las puertas de la Tierra Prometida que ahora habitan, y que el libertador solo pudo observar desde el cercano Monte Nebo.

Los viajeros que sigan la línea de la costa por la Via Maris, llegan en dos semanas de camino hasta las orillas del Nilo, durante siglos punto de destino y retorno de todo tipo de contenido cultural, por un trazado en el que las noticias de la época corren como la pólvora, no siendo tan extraño entonces que los acontecimientos sucedidos en algún punto de todo este recorrido, lleguen de una punta a otra con cierta facilidad. En mayor medida cuando la magnitud de lo acontecido fuera capaz, por ejemplo, de partir la Historia del hombre por la mitad.

Ofreciendo por tanto Magdala una vida envidiable para cualquier hombre dispuesto a trabajar y sacar su familia adelante, los tiempos de bonanza económica y de cierto bienestar serán borrados de un zarpazo por la opresora mano de las legiones romanas. De la noche a la mañana, la vida de Magdala quedará detenida, en-

---

al año 960 a.c. El Rey babilonio Nabucodonosor lo destruyó en 586 a.c. Zorobabel, líder de los judíos exiliados a Babilonia comenzó su reconstrucción en 535 a.c. en el mismo lugar en que se ubicó el Templo original. Herodes el Grande amplió y renovó este Segundo Templo en el 19 a.c. Finalmente, fue destruido por Tito en 70 d.c.

terrada en arena, olvidada y congelada en el tiempo. Borrada de la memoria colectiva. Olvidada como si no hubiera existido y de la que sólo Dios se pareciese acordar.

La alerta llegó meses atrás desde la cercana Jotapata[7], hacia Occidente, ciudad nido de zelotes[8] que fue sitiada durante cuarenta y siete días[9] por el ejército de Vespasiano[10], con más de cuarenta mil judíos en el interior de su muralla.

El asedio finalizó cuando los romanos pudieron asaltar la ciudad mediante los terraplenes que construyeron contra sus muros. Una vez dentro, la matanza fue total. Solo sobrevivieron unos mil dos cientos judíos, todos mujeres y niños, que fueron esclavizados. El resto murió pasado a cuchillo por los legionarios romanos, u optando por un suicidio masivo, como muestra de preferir morir a manos propias que a manos de un romano. Muchos hombres mataron a sus mujeres e hijos antes de darse muerte ellos mismos, evitando que fuesen ultrajadas sus esposas y su prole esclavizada.

Tras dar cuenta de la vida de unos cuarenta mil judíos, Vespasiano ordenó la demolición total de la ciudad y de sus muros. Así, Jotapata fue arrasada sin piedad por

---

[7] Actual pueblo de Yodfat.

[8] Zelotes. Miembros del movimiento rebelde judío iniciado en la Galilea de tiempos de Jesús, cuyo objetivo era la resistencia contra el Imperio Romano invasor.

[9] Flavio Josefo. *La Guerra de los judíos*. Libro III, 316.

[10] Tito Flavio Vespasiano (Vespasiano, 9-79). Emperador Romano desde 69 hasta su muerte. Antes de ser Emperador fue enviado a Judea por Nerón, como responsable militar en la guerra contra los rebeldes judíos, iniciada en 66.

una marea de ira y fuego que llevaba el SPQR en sus estandartes y Jerusalén en su mirada. Era la respuesta a la revuelta iniciada dos años antes por un judío conocido como Judas el Galileo, en la ciudad costera de Cesaréa[11], que más allá de ser un tumulto sin importancia creció hasta convertirse en una guerra que no podía tolerar el Imperio. Aplastarla era cuestión de tiempo.

Los habitantes de Magdala se dieron cuenta enseguida de que en el camino que la estrategia romana contemplaba para llegar a Jerusalén desde Galilea, ellos quedaban en medio. Esa posición comercial que les había supuesto privilegio, suponía ahora la sentencia de muerte para todo aquel que se quedase en el pueblo a la llegada de las legiones romanas. Eran bien conocidos sus métodos y cuando se dirigían hacia un objetivo claro, los romanos apenas dejaban prisioneros, salvo orden expresa.

Fue Tito[12], hijo de Vespasiano, quien en el año 68[13] se presentó con tres legiones de soldados ante las puerta de Magdala con la intención de borrarla del mapa. Si bien al llegar a las puertas de la muralla se dio cuenta de que los habitantes de la ciudad no querían dar batalla, supo también que un buen número de zelotes forasteros se

---

[11] Cesaréa Marítima, ciudad judía construida en la costa por Herodes el Grande, en torno a 20 a.c. En esta ciudad estuvo preso san Pablo antes de ser trasladado a Roma. El libro de los Hechos de los Apóstoles, en sus capítulos 23, 24 y 25, da cuenta de los diversos interrogatorios a los que allí fue sometido san Pablo durante dos años. No confundir esta ciudad con Cesaréa de Filipo.

[12] Tito Flavio Sabino Vespasiano (Tito, 39-81). Hijo de Vespasiano y sucesor suyo como Emperador, desde 79 hasta 81. En los tiempos en que su padre lideró la campaña contra los judíos, Tito comandó las legiones romanas en algunas batallas, como la de Tariquea.

[13] Siempre según la datación de Flavio Josefo.

escondían allí dentro. El conflicto estaba servido, pues estos rebeldes provocaron a Tito hasta un punto insoportable para el orgullo de alguien cuyo padre era conocido como azote de los zelotes.

En los días previos a la batalla, muchos de los tariqueos decidieron huir dejando allí a su suerte posesiones y terrenos. Pocas cosas podían llevarse con ellos los habitantes de Magdala. Las barcas no les servían de nada en los áridos desiertos de Samaria y Judea, ni en las secas arenas de Egipto. Las piscinas de la salazón del pescado y los caladeros, estaban esculpidos en piedra como tatuajes en la piel de un legionario. Los que decidieron irse, lo hicieron con la esperanza de poder volver en poco tiempo, y tan solo una cosa les apesadumbraba. Dejar en manos de los romanos su edificio más sagrado, una sinagoga de connotaciones singulares y características particulares.

Había sido construida tan solo sesenta años atrás con muchos cuidados y esmeros. Los encargados de su financiación y construcción no repararon en gastos a la hora de significar su sinagoga como un lugar importante, testigo de piedra para los siglos venideros de un evento que cambió la manera de pensar y de vivir a muchos de ellos.

Si bien la construyeron con prisa, utilizando elementos viejos de otras construcciones, pusieron especial delicadeza a la hora de dotar a la sinagoga con elementos artísticos únicos, no vistos en ningún otro lugar más allá de los muros de Jerusalén. Incluso con detalles solo presentes en el Templo, por lo que hubo que contratar artistas traídos de lejos con amplios conocimientos sobre él.

Los mosaicos con que cubrieron el suelo culminan en una roseta como signo central, memoria de Yavé, en su lugar más importante. Para los frescos de las paredes se encargaron los más caros pigmentos, como ese azul añil traído desde Chipre. Se obtiene machacando la concha de un pequeño crustáceo y, de su existencia, solo los más duchos y caros artistas tenían conocimiento.

El estuco de las columnas era imponente, frágil a la vez que regio, cubierto con pinturas rosadas que saturaban de color la estancia en los amaneceres y la palidecían en los atardeceres, a la luz de las lámparas de aceite.

Desde todas partes de la región venían a menudo a conocer esta sinagoga de Magdala. De entre todas las razones que podían tener aquellos hombres para caminar durante horas a escuchar en asamblea la Torá, pudiendo hacerlo en otro lugar más cercano, una les atraía como un imán sobre las demás, no tanto por su valor material, sino por su contenido artísticos esculpido, por su significado, por sus reminiscencias del Templo que tanto agradan al judío que lo ha conocido y que, sobrecogidos, valoran como una presencia importante que en otras sinagogas es ausencia.

Sí, los más viejos del lugar recuerdan aún hoy con qué entusiasmo construyeron sus padres y abuelos esta sinagoga en la que acoger entre sus muros y arropar con sus columnas, sentado en sus bancadas, iluminado por esos frescos, a aquel maestro nazareno y a todos aquellos que, con la mirada iluminada por un brillo deslumbrante, contaban asombrados lo que Él y sus seguidores habían hecho con sus vidas, y entre los que cualquier lector de este libro se podía haber encontrado de haber nacido allí, como ellos. Ciegos de nacimiento que de pronto veían y a los que todos ellos, vecinos suyos, conocían desde siempre. Tullidos y encorvados que saltaban y bailaban ante la Torá, colocada sobre aquella misteriosa piedra que, desde su silencio, abría una ventana esculpida que daba al mismísimo Templo. ¡Fueron tantos los beneficiados por las bendiciones de Jesús el Nazareno! Y no solo enfermos curados de enfermedades y dolencias. Personas sanas que, sentadas en la playa de la orilla del lago, por primera vez en su vida oyeron palabras de vida eterna, pronunciadas por Jesús subido en una barca. Cientos de ellos tenían guardada en su memoria esas predicaciones en las que se sintieron tocados de tal manera que, convirtiéndose al Dios del Amor y del Perdón, dejaron atrás la Ley del Talión que tanto les endurecía el corazón, abrazando la Misericordia de Dios, en la persona del nazareno.

Cuando caminaba entre ellos, muchos gritaban su nombre con todas las fuerzas de sus pulmones. "¡Jesús! ¡Jesús!". Se desgañitaban en ese camino de piedra para robarle esa mirada que a otros había transformado. Sus discípulos se veían incapaces de apartar de su camino a tantos enfermos cuyos familiares lanzaban literalmente al suelo que Él iba a pisar. Los tiraban en medio de un gentío alborotado, y mientras sus apóstoles y discípulos se los quitaban de encima para que pudiera abrirse paso, Él no medía su tiempo ni su entrega, tocando y curando a todos los que con un poco de fe, mendigaban un pedacito de misericordia para con ellos.

La turba se calmaba y se hacía el silencio de un desierto cuando tras atravesar las calles de Magdala, Jesús llegaba al puerto y, mojándose los pies en esa rampa enlosada, se subía a la barca, quedando tras él todo el Mar como marco inigualable de su predicación. Ni aunque pasasen dos mil años ese fondo cambiaría, como recuerdo inmejorable de su palabra subido a esa barca. Su figura elevada sobre las redes de los pescadores les imponía respeto; su mirada les inundaba de algo extraño jamás conocido por ellos, algo por lo que quedaban dispuestos a dar la vida; Sus palabras... su voz... ¡Ay, sus palabras! Les entraban como dardos incendiados transformándolos en hombres nuevos que luego con su testimonio prendían fuego de amor sus casas, sus familias, sus sinagogas y pueblos, predicando un Evangelio de Amor que los invitaba a cambiar de vida y a afrontar incluso a la muerte con otra cara. Si en esta tierra se podían encarnar en un mismo hombre las virtudes de la Fe, la Esperanza y la Caridad, ellos, galileos de Magdala, lo habían conocido, oído y tocado en Jesús el Nazareno, galileo como ellos.

Conservar todos los nombres por escrito de todos estos testigos y sujetos directos de la obra de Jesús en Magdala y en sus cercanías, fue imposible, pasando todos los detalles, sus nombres, dolencias y curaciones, al olvido del tiempo. Todos, salvo el nombre de una de entre ellos: María, mujer hermosa y conocida, que nunca pasó desapercibida por sus vecinos y a la que un encuentro con Jesús el Nazareno, cambió la vida de arriba abajo, convirtiéndose en la más notable de las mujeres que le seguían en su clan. No en vano, de los cuatro evangelios canónicos que la Iglesia Católica contemplará dos mil años después como verdaderos, será esta María de Magdala, con excepción de la Virgen María, la mujer que en más ocasiones aparece en ellos, y en todas ellas con papel protagonista, nunca como figurante.

Así, años después de todo aquello, a María de Magdala muchos la recuerdan por su carisma, delicadeza, generosidad y entrega a partir de su encuentro con el profeta galileo. Otros, sin embargo, no la dan más que por una loca que contaba haber visto a Cristo después de muerto. Haber hablado con Él cuando todo el mundo sabía que había sido ejecutado, clavado en un madero, a la vista de cientos de personas. Así acabó sus días, ajusticiado por los romanos, víctima de sacerdotes y fariseos.

Pero estos no son los que conocieron a María. Sus vecinos, sus amigos y paisanos de Magdala, fueron testigos de aquel encuentro con el Maestro en el que el odio del Infierno fue delatado ante todos y desterrado para siempre del bendito cuerpo de aquella mujer en la que Jesús reconoció un baluarte de su Evangelio. Una de las personas más importantes en su predicación, como demostró luego su aparición a ella, y no a otra, ya después de muerto.

Han pasado más de treinta años. Nada de todo esto importa ahora. Alertados por los acontecimientos de Jotapata, y con tres legiones romanas acampadas en las puertas de su muralla, los notables del pueblo, con el Jefe de la Sinagoga a la cabeza, han retirado los rollos de la Torá, envueltos en un paño de terciopelo. La menorá con su fuego apagado también fue retirada. Como las vasijas del aceite que lo alimentaba, y también las del agua, que sirven para purificar las manos de los judíos que durante apenas dos generaciones han conformado la asamblea en esta sinagoga. De allí se marchan con la esperanza de volver en un tiempo, ignorando que no podrán regresar jamás. Los soldados romanos dejarán Magdala sin vida en su ruta hasta llegar a Tiberias, que se rendirá sin oponer resistencia. Jerusalén, a ocho días de camino, tardará tres años más en caer, y ni si quiera los muros del Templo quedarán en pie.

La batalla fue una masacre[14]. Mientras los legionarios irrumpieron en la aldea, los zelotes que pudieron se hicieron a la mar en barcas de pescadores cargadas de piedras, con el ánimo de lanzarlas con las manos contra los romanos que se acercasen a ellos.

Los legionarios no tardaron en construir unas barcazas de guerra para echarse al mar en su búsqueda. Los zelotes no podían desembarcar en ninguna orilla, pues estaba toda entera vigilada por los soldados. De modo que, decidiendo acercarse de nuevo a Magdala con el ánimo de emprender una batalla, los romanos dieron muerte allí a más de seis mil de ellos, quedando las orillas del mar, teñidas del rojo de su sangre, durante meses.

Si aquellos judíos, estando vivos, no pudieron hacer frente a sus invasores, sus cuerpos muertos flotando por todas partes levantaron tal hedor que hizo insoportable permanecer allí más de dos días. Al no poder enterrar ni quemar los cadáveres por estar apilados en la orilla del mar, el riesgo de epidemia obligó a Tito a dar la orden de partir enseguida, dejando sus hombres Magdala sin destruir, como sí hicieron con Jotapata. No se fueron solos. Se llevaron consigo un botín encadenado de miles de esclavos que Nerón agradecería para sus imponentes obras en diferentes puntos del Imperio[15].

Pasadas dos o tres semanas, cuando los buitres y alimañas de la zona dieron cuenta de la batalla, el silenció inundó aquellas ruinas de Magdala como si allí no hubiera pasado nada. A partir de ahí y en los veinte siglos venideros, tan solo se acordaron de ellas el polvo, el lodo,

---

[14] Flavio Josefo. *La Guerra de los judíos*, Libro III, 522.
[15] Flavio Josefo. *La Guerra de los judíos*, Libro III, 540.

la lluvia y algún que otro alud de sedimento caído desde el Monte Arbel, guardando como si fuese el cofre de un tesoro, compuesto por todo tipo de útiles domésticos, tales como vasijas, peines, perfumeros, monedas, horquillas o anzuelos suficientes para llenar un museo, dos mil años después. Era Magdala, sin saberlo ellos, el secreto arqueológico mejor conservado del origen de la Historia judeocristiana, para ser desvelado después de mucho tiempo.

No muchos se volverán a preocupar demasiado por Magdala. Un grupo de católicos alemanes y de judíos rusos diecinueve siglos después, o los franciscanos más adelante, hasta que una serie de acontecimientos, inexplicables desde la razón, aparentemente inconexos, se encadenen en la vida de un hombre de otro tiempo. Un sacerdote que con un empeño nulo en lo material y nítido en lo trascendente, sacará a la superficie las ruinas del pueblo de Magdala para los cristianos del Tercer Milenio. Será está una pista muy cierta y clara en la que investigar la vida de Jesús y de la gente de su época. Un cerco arqueológico sobre el Jesús histórico que, dando un salto de más de veinte siglos atrás en el tiempo, llevará a sus coetáneos hasta el epicentro del acontecimiento histórico y espiritual por el cual se regirá en tiempos venideros la vida de millones de personas en el mundo entero.

A partir de ahora, esta es la historia de cómo Dios, a través de un sacerdote, ha regalado a la Humanidad un descubrimiento arqueológico aún imponderable, que al estar ligado a la vida y obras de Jesucristo, trasciende lo meramente científico y temporal para tener impacto directo en la vida de todos los cristianos de hoy en día. A partir de ahora, de la mano del padre Juan Solana y paseando por las ruinas de Magdala, a la luz de este histórico descubrimiento, tanto cristianos del mundo entero como no cristianos, pueden conocer los detalles más fidedignos y mejor conservados que tenemos de la civilización en la que vivió Cristo, del entorno de paz[16] en que nació la comunidad judeocristiana, y de una de las sinagogas en la que con absoluto convencimiento, los encargados del proyecto creen que predicó Jesús. En la que por tanto, por qué no, podemos pensar que curó a algunos o a numerosos enfermos, y un lugar en el que sin duda se oyeron con inusitada pasión los relatos de los testigos primeros de esa historia inigualable que es la propagación del Evangelio por toda la Tierra. Una historia que habiendo partido de aquí, en las orillas del Mar de Galilea, cierra ahora un ciclo contigo, lector de este relato, dos mil años después de la construcción, abandono y descubrimiento de esta sinagoga en la Galilea del siglo primero, haciéndote depositario del relato que en su día vieron y oyeron aquellos galileos de Magdala. Bienvenido a la Historia de un Descubrimiento.

---

[16] Hechos de los Apóstoles 9, 31. "Las iglesias por entonces gozaban de paz en toda Judea, Galilea y Samaria; pues se edificaban y progresaban en el temor del Señor y estaban llenas de la consolación del Espíritu Santo.

Capítulo 01
LA VOCACIÓN

Jerusalén, noviembre de 2013. Estamos sentados en el despacho del padre Juan, ante una inmensa mesa en la que se revuelven montones de papeles que contienen asuntos de muy diferente índole.

El padre Juan Solana se recuesta sobre el respaldo de su silla y dirige su mirada, atravesando la puerta abierta, hacia algún lugar ubicado en su memoria. Le lanzo la primera pregunta y, como si tuviera una grabadora instalada en su cabeza, empieza a contar la historia que nos reúne con una facilidad narrativa que es de agradecer.

—Padre Juan, ¿desde cuando está usted en Tierra Santa?

—Llegué en 2004, hace ya más de nueve años.

—¿Qué hay que hacer para que a un sacerdote le envíen aquí? ¿Se trata de algún tipo de méritos?

—De ningún modo. Siendo honesto, de verdad, conmigo mismo y con Dios, lo único que puedo hacer es reconocer que, sabiéndome inútil y poca cosa, mi vida no puede haber estado llevada por otro elemento que no haya sido la mano asombrosa y amorosa de Dios. Yo soy Legionario de Cristo, mi ser sacerdote va unido a la llamada que de jovencito sentí a la Legión, y con mucho gusto le explicaré cómo he llegado a esta conclusión. Así verá que, en el Misterio de Dios, siempre hay esperanza.

El padre bebe un largo trago de agua y cierra los ojos un instante, como en oración, disponiéndose a ponerle palabras a algunas vivencias que sólo se conocen en el corazón. Aún con los ojos cerrados, explica:

—La vida es más sencilla de lo que parece. Se trata de estar disponible para Dios y dejarse llevar por Él. Verá. No hace falta un libro de instrucciones para vivir, sino más bien seguir el ejemplo y la enseñanza que un hombre, que también era Dios, nos dejó como legado, hace dos mil años, aquí, en Tierra Santa.

—¿Cómo nació esa vocación? ¿Cual es la Historia del padre Juan antes de Tierra Santa?

—Yo nací en Puebla, el 19 de marzo de 1960. Soy el pequeño de trece hermanos, y le digo una cosa. Hasta que no me marché al seminario no supe lo que era hablar por teléfono. No porque no lo hubiese en casa, sino porque tenía cinco hermanas mayores todas ellas con novio. ¡Imagínese la competencia!

»Siempre fui un niño piadoso gracias al ejemplo de mis padres. Mi padre, Angel Solana Gómez, era ingeniero. Fue un hombre de Misa diaria, adoración diaria y rosario diario. Completo, no solo de la parte del día. A parte de eso, sacaba adelante una casa con trece hijos, al mando de varias empresas familiares y de un rancho que tenía casi más como hobby. Lo logró gracias a la ayuda inestimable de una mujer que era un huracán de temperamento. Mi madre se llamaba Amparo Rivero Romay, y siendo también una mujer fervorosa, es curioso, porque no era tan piadosa como mi padre. Ella era más de hacer cosas que de rezar, aunque también rezaba cada día el rosario. De hecho, ideó una estratagema para que rezáramos en casa cada día, durante años, los quince misterios del rosario de entonces. Como con ellos dos hacíamos quince personas, cada uno rezaba un misterio. Motivos siempre había para ello.

»Gracias a ellos dos, yo puedo estar seguro de que no tengo en la memoria el día en que yo no rezara el rosario. En mi casa, todo se pasaba por este collar de cuentas que llevo ahora en la mano. Cuando alguien se casaba, le llevábamos al rosario. Cuando alguien estaba enfermo, al rosario. El trabajo de mi padre, a la Virgen María por medio del rosario. Los muertos, los amigos, las penas, las decisiones, las alegrías y todo lo que cabía en nuestra familia se pasaba por el rosario diario. Pasé mi infancia con una vida bonita, serena, cristiana, en una hermosa familia que siempre estuvo muy unida.

»De chiquito yo fui a un colegio de los Hermanos de La Salle[1]. Lo pasé en grande con ellos y siempre les tuve mucha estima, que aún les sigo teniendo. Pero en todos los años del colegio jamás se me pasó por la cabeza la posibilidad de ordenarme sacerdote. Aunque en mi casa se veía el sacerdocio con un inmenso respeto, incluso aunque mi madre, según supe años más tarde, siempre le pedía a Dios por tener un hijo sacerdote, a mí no me dio por ahí con ellos. El primer pellizco de vocación, para que vea cómo hace las cosas Dios, me lo dio gracias al mal ejemplo de un sacerdote.

---

[1] Congregación fundada en el siglo XVII por san Juan Bautista de La Salle, conocido en muchos países del mundo por su labor educativa.

»Era 1976, y yo estaba ya en Primero de Bachillerato. Ese año me invitaron los hermanos de La Salle a participar en una obra de teatro para conmemorar el 450 Aniversario de la fundación de la diócesis de Puebla, que fue la primera de todo México, y no se yo si de toda América. Mi papel era un papel muy sencillo y yo iba con algún amigo por las tardes a los ensayos. El director de la obra era el hermano Antonio Carrillo. Por esas fechas, recuerdo que saliendo de los ensayos del teatro, empecé a enseñar a manejar el auto a un amigo. La verdad es que fue una suerte para mí, porque el padre de mi amigo le había regalado uno y resulta que él no sabía conducir, y yo sí. De modo que era el amigo ideal en esa edad, ¡qué quiere que le diga!

»Con ese amigo fui a Misa un día. He de decir que también siguiendo el ejemplo de mis padres, yo procuraba ir a Misa a diario. Nunca tuve problema para darme cuenta de que la Eucaristía era algo importante, algo serio que no quería perderme. Como digo, aquel día fui a Misa a una iglesia que para mí es muy querida: la de la Medalla Milagrosa. Por aquel tiempo iba a esa iglesia porque salía con una chica que vivía muy cerca, y a la salida nos encontrábamos. Era la Misa de siete de la tarde, que la celebraban dos sacerdotes, alternándose cada día.

»Uno de ellos era un padre español, ya anciano, que después de haberse jubilado pidió ir a México para vivir los últimos años de su vida. El otro era un padrecito mexicano, joven, que no llevaba mucho tiempo ordenado. Me llamó la atención como cada uno de ellos celebraba la Misa de un modo muy diferente al otro. El sacerdote español predicaba con mucha devoción, de una manera pausada, muy recogido, y la predicación la hacía preciosa, desvelando detalles de la Eucaristía y de la vida cristiana que a todos nos llegaban. El otro cura, el más joven, celebraba la Misa de un modo digamos descuadernado, posiblemente hijo en el sacerdocio de los tiempos un poco locos del post concilio, en la década de los años 70.

»Estábamos a finales de octubre. Aquel día que fuimos a Misa mi amigo y yo, mi novia ni estaba en Misa… ni se la esperaba. El Señor tenía otros planes para mí. La cosa es que estaba celebrando uno de los dos padres y al darme cuenta de la diferencia en el modo de celebrar de cada cual, una pregunta me saltó con fuerza en la mente. ¿Por qué este padre celebra la Misa así, y el otro de una manera tan diferente? No había dejado de pensar en esta cuestión cuando otra pregunta más seria se solapó con esta: ¿Cómo celebraría yo la Santa Misa?

»Salimos de Misa. De pronto, camino a casa, este buen amigo me preguntó:

—Juan, te noto raro. ¿Te pasa algo?

—Pensé una locura durante la Misa —respondí sin dar más explicaciones. Pero mi amigo se volvió sin darme demasiada importancia y, sonriendo, me dijo:

—Pensaste en hacerte sacerdote.

»Lo dijo no ya como pregunta, sino como afirmación. Me tocó muy fuertemente en el corazón. Fue otro martillazo en el mismo clavo, y ya iban dos en apenas un rato. Me conmovió mucho esa respuesta de este amigo, que aún hoy, después de tantos años, recordamos muy bien los dos. Lo hemos comentado en las poquísimas veces que nos hemos visto a lo largo del tiempo.

—Sí. Es lo que he pensado —le respondí mientras continuamos en silencio hasta casa.

»Como he dicho, me gusta pensar y recordar que esto sucedió a finales de octubre, que en mi casa siempre ha sido un mes importante porque es el mes que la Iglesia dedica al rosario, y en mi casa, se tiene mucha devoción a esta práctica de piedad. Eran muy devotos mis padres y, ya antes que ellos, lo fueron mis abuelos. Mi abuelo Juan, mi abuela, mis tíos, fueron siempre gente de mucha piedad. Piedad sincera, piedad profunda, llena de fe y sin muchos jaleos. En mi casa el rosario fue algo tan normal como el comer y el dormir. ¡Mi padre lo amaba! Yo creo que mi vocación fue en octubre como fruto de la oración del rosario de mi familia. Fui el último en nacer, el que fui llamado, y el que dijo que sí.

»Unos días después de aquella Misa, comenté el tema con mi madre. Recuerdo acercarme a ella, sentada en la habitación de costura. Esta mujer se pasó la vida cosiendo, remendando, arreglando, cortando y alargando pantalones, mangas, botones y faldas. Recuerdo también que sobre ese costurero yo me caí de cabeza una vez, desde el segundo piso. Allí habían unas escaleras interiores que subían desde el costurero hasta tres habitaciones que había construido mi padre en algún momento en que, al aumentar la familia, ya no cabíamos por ninguna parte. Era donde vivían mis hermanos mayores. Yo, que era chiquito, con unos siete años, tenía la costumbre de saltar sobre el pasamanos para bajar por la barandilla como si fuese un caballito. Pero un día salté demasiado y caí de cabeza sobre la máquina de coser de mi madre, perdiendo el conocimiento por un rato. Al levantarme, fui a contarle a ella, que estaba durmiendo la siesta. Al principio no me hizo caso, pero luego reaccionó, llamó al doctor Moreno, me hizo una revisión exhaustiva y me mandó a jugar. Salvo un pequeño bollo en la cabeza que aún tengo, no me dejó ninguna secuela… ¡que yo sepa!

»La cosa es que fui al costurero de mi madre y le conté a ella la idea sobre el sacerdocio que me rondaba la cabeza. Ella hizo como si no se inmutase, siguió a lo suyo cose que te cose, como si nada. Tan solo me dijo una cosa:

—Hijo, a lo mejor no es aún momento de planteártelo. Yo te sugiero que termines los estudios del colegio, que hagas tu carrera, y cuando ya tengas estudios, hablamos de ello.

»Retirando la mirada de la aguja y mirándome a los ojos, añadió:

—A mí me da mucho gusto si Dios te llama para ser sacerdote, pero con calma.

»Creo que me dio un consejo muy apropiado, pues yo tenía solo 16 años. Pero esa inquietud no se me despegó en absoluto, y recuerdo ir por la calle, cruzarme con algún sacerdote, y pararle para preguntarle por su vida, sobre qué hacía a diario, si era feliz y cosas así.

»Unos días antes de la inauguración de aquella obra de teatro, que se estrenó el 4 de diciembre de 1976, me llamó el hermano Carrillo y me encargó que fuese con un compañero al convento franciscano. Ellos nos iban a dejar unos hábitos de fraile para la obra. La diócesis de Puebla, y Puebla misma como ciudad, fueron fundadas por franciscanos, y allí hay frailes por todos lados. Así que fuimos al convento de San Francisco un amigo llamado Quiñones y yo. Recogimos de allí una caja de cartón enorme, llena de hábitos de fraile, y mira tú por donde que, a la primera persona que me encuentro al entrar en el auditorio con la caja de hábitos, es a mi novia.

—¿Qué traes ahí, Juanito?

—Un montón de hábitos de fraile.

—¿No pensarás hacerte cura, no?

»Ella me dijo aquello medio en broma medio con cierta duda. Yo, que no le había comentado nada de la inquietud que ya manejaba, le quise hacer una broma y salir así del paso.

—Mira, me voy a poner uno de estos hábitos, y si me queda bien, me voy al seminario.

»¡Menuda ocurrencia! Saqué uno cualquiera de la caja y, al ponérmelo, me quedaba como hecho a medida. A ella la broma no le hizo ni pizca de gracia.

»Pasaron algunas semanas más, incluso hablé en una ocasión con el hermano Miguel Cervantes y le expresé mi inquietud. Aunque mi madre me había aconsejado dejar aquello aparcado, es imposible. La vocación se te mete en el corazón y no se puede aplazar. El hermano me escuchó muy atentamente y yo le dije que me gustaría participar en una convivencia vocacional que tenían los hermanos en Semana Santa. Era ya en 1977 y ese año cayó entre el 3 y el 10 de abril. Así que tras hablar con él, me apunté a la convivencia vocacional de los hermanos de La Salle.

»Pero el Señor tenía otros planes diferentes para mí, y el viernes 1 de abril, dos días antes de irme a la convivencia, estaba yo paseando por el patio del colegio con mi amigo Eduardo Saavedra, que saludó a un padre que yo no conocía de nada, y que no era de La Salle. Se llamaba Lorenzo Gómez, un sacerdote joven, recién ordenado. Este padre Gómez era Legionario de Cristo, por tanto, este fue el primer encuentro que tuve con la Legión de Cristo. El asunto es que había venido a invitar a algunos jóvenes a otra convivencia vocacional que no era la de La Salle, sino de los Legionarios, obviamente. Ni corto ni perezoso, le comenté mi idea:

—Padre, fíjese que yo quiero ser sacerdote, pero me acabo de comprometer con los hermanos de La Salle para ir a su convivencia. Lo siento.

—No pasa nada, hombre. Vete con ellos, haces muy bien.

»Me llamó la atención, porque no hizo ningún intento de convencerme para que me fuera con los Legionarios, y como eso me dio confianza, le explique inquietud que yo tenía dentro de mí, y que aún no había sabido explicar muy bien.

—Padre, la cosa es que yo creo que no quiero ser hermano de La Salle. Les quiero mucho, pero no me siento llamado con ellos. ¿Podría participar en su convivencia?

—Mira hijo. Si te has comprometido con ellos, no debes preguntármelo a mí, sino a ellos. Si no les molesta que cambies tu idea, yo vendré a recogerte junto con otros jóvenes el Miércoles Santo. Pero por favor, que no haya ningún conflicto con los hermanos.

»Mi padre fue un enemigo acérrimo de la ociosidad juvenil. Y siendo él empresario, siempre tuvo para con nosotros un lema que dice que "el pan ajeno hace al hijo bueno". Nos mandó a todos, desde jovencitos, a trabajar fuera de casa. Con amigos, en empresas familiares o en lo que fuera. Por aquel entonces yo trabajaba al salir del colegio en un negocio de unos señores asturianos. Los hermanos Lamuño, muy buenas personas que me enseñaron a amar el trabajo. Recuerdo que trabajaban ellos como locos, de un modo muy serio, muy ordenado, también generoso, y yo diría que de modo incluso apasionado. Fueron una escuela para mi manera de ver el trabajo más adelante.

»La cosa es que les pedí permiso para irme a ese retiro vocacional y me lo dieron. Hablé también con los hermanos de La Salle y bueno, vieron que no tenían nada que hacer conmigo, ya que yo estaba decidió a irme con aquel padre Legionario que tan buena impresión me había dado. Así que aquel Miércoles Santo me fui a ese retiro que se celebró en México y en Cuernavaca, con los Legionarios de Cristo.

«Sucedió otra cosa curiosa. Ese padre Lorenzo Gómez que tan buen impresión me dio, cayó enfermo esa misma semana y no me pudo venir a recoger. De hecho, parece mentira, no le volví a ver en unos veinte años. De modo que quien nos recogió a mí y a otros amigos aquella tarde fue un padre irlandés llamado Hugh Ryan, un hombre tremendamente simpático y afable.

»El conjunto de aquella experiencia resultó muy positivo. Regresé a mi casa el Domingo de Resurrección convencido de querer ser Legionario de Cristo. Muchas veces la gente me pregunta por qué Legionario, y yo les digo que no lo sé. Forma parte del misterio de la vocación. No es que te apetezca más, ni que busques un interés u otro. Es que, de algún modo, tú sabes que donde va a tomar forma tu sacerdocio, va a ser ahí. Que sin entenderlo demasiado, sabes que a través de la Legión es donde Dios va a sacar fruto de ti y de tu vida. Donde te va a hacer feliz y donde le vas a poder testimoniar. Es como cuando un hombre se casa, ¿por qué con esa mujer y no con otra? Pues porque sabe, más allá de que sea más guapa o menos que otra, más simpática o menos que otra, más rica o menos que otra, que donde merece la pena arraigar su vida ante Dios es con ella, y no con otra.

»Explicar la vocación al cien por cien es imposible. Los acontecimientos humanos, las anécdotas, son los que son. A mí me invitaron, me gustó, vi que me hacía bien y que era bueno, vi lo que allí se vivía. Es el Señor que llama, porque cosas así también las tenían los hermanos de La Salle, y habiendo pasado quince años con ellos, jamás se me pasó por la cabeza ser hermano como ellos, y en unos días que pasé con la Legión, tomé la decisión de irme Legionario. Fue así. No puedo decir más. Y me marché. Quizá esto explique por qué me encanta la definición que Juan Pablo II diera de su propia vocación: "Don y misterio".

Capítulo 02
PRIMER ENCUENTRO CON
MARÍA DE MAGDALA

Seguimos en Jerusalén. La mañana avanza mientras el tumulto de la Ciudad Santa se calma con el canto de la oración que, desde un cercano minarete, nos llega cantándole a Alá. Con una simpatía pasmosa, sin inmutarse, transmitiendo autenticidad, este cura mexicano ha logrado captar mi atención sin necesidad de grandes efectos especiales ni banda sonora original. El padre Juan sabe a estas alturas que casi siempre sucede así. Por eso, he podido observar cómo, según en qué momento, decide empezar a hablar o no contar nada, dependiendo del tiempo del que dispongan, no tanto él, como sus oyentes. El hecho es que, aunque lleva casi diez años contando la misma historia una y otra vez, sin parar, cada día, no se cansa, sino que parece disfrutar más aún a medida que avanza con ella. De este modo, continúa con su relato:

»Mi padre falleció repentinamente, el 3 de marzo de 1978. No me llegó a ver de seminarista, ya que yo me marché al noviciado tras el verano de ese año. Esto no fue nada sencillo. Al dolor por la muerte de mi padre se le unía a mi madre el desprendimiento de mi marcha. Ella estaba echa polvo y yo me iba a España. En un tiempo en que no había ni teléfono móvil, ni email, ni nada, irse a España era casi como desaparecer del planeta. Aunque afortunadamente, ya había habido algún antecedente familiar de algún pariente que había marchado lejos. Pero bueno, el dolor de mi madre era comprensible y algunas de mis hermanas, con todo el cariño del mundo, intentaron que no me marchara, aprovechando que mi madre estaba así y que yo, al fin y al cabo, podía ser una ayuda en casa. Pero la vocación es la vida, y la vida es imparable. Así que me marché, con un dolor grande en mi corazón, pero con la conciencia tranquila por saber que yo estaba haciendo lo que tenía que hacer. Mi madre también lo sabía.

»En septiembre de 1978 entré al seminario con una ilusión inmensa, indescriptible. Todo me parecía genial en la vida. No era más que un jovencito que muy poco sabía aún de tantas cosas que hay en la vida, pero a esa edad es lo que toca. Fui un chico feliz en el noviciado. Ya en 1979, habiendo pasado un año de la muerte de mi padre, vino mi madre a visitarme a Salamanca. Fue una visita muy querida por mí, y también por ella. Era la primera visita que recibía de mi familia. Disfrutamos mucho durante su estancia conmigo, pero mi madre dejó lo mejor para el último día, cuando, en un momento dado, me dijo que quería hablar conmigo. Fuimos a su habitación en el Hotel Regio, de Salamanca, y allí me comentó ella un par de cosas normales, pequeños asuntos de familia. Cuando yo creía que la conversación no daba más de sí, mi madre me reveló una confidencia que jamás le había hecho a nadie:

—Oye Juan. Tú a lo mejor me has oído hablar de un retiro espiritual que hice de joven, hace muchos años. Un retiro que me cambió la vida.

»Le dije que sí. Habían sido muchas, innumerables las veces que, a lo largo de los años, mencionó en casa aquel retiro como una experiencia que, efectivamente, le cambió la vida. Sin embargo, nunca jamás nos había dado detalles. Mi madre fue una mujer muy sensible espiritualmente. Sus vacaciones anuales, que las anhelaba con todo el corazón, eran un retiro espiritual al año de más o menos una semana de duración. Normalmente escogía un retiro de silencio de unos días, y para ella esos días eran su oasis espiritual. Lo anhelaba durante el año con todo su corazón. Pero aquel que le cambió la vida fue en torno a 1950, cuando ella tenía unos treinta y tres años y yo aún no había nacido.

—Juan, nunca le conté a nadie por qué me cambió la vida el retiro de ese año. Como tú vas a ser sacerdote, te lo quiero contar a ti. Así, lo que el Señor hizo conmigo, no se irá al olvido cuando me vaya yo.

»Debo decir que yo era un adolescente y estaba un poco en crisis. No crisis de vocación, que jamás la he tenido, pero estaba pasando unos meses un poco complicados por una situación que compartí con ella y en la que me ayudó mucho. Su reacción y su serenidad fueron una lección para mí. No sólo en ese momento, sino mucho más aún en futuros acontecimientos que llegarían años más tarde. Mi madre era una mujer sabia, prudente, cuyo consejo siempre acertaba. Entonces me contó:

—El último día de aquel retiro, ya por la noche, el sacerdote nos dio una meditación sobre el encuentro de Jesús con María Magdalena, en la puerta del sepulcro, una vez resucitado. Detenerme en esa escena que tantas otras veces había escuchado sin hacerlo, me dio una luz tremenda sobre los sentimientos de María, sobre lo que implicó en su vida el hecho de que el Señor, al que ella tanto quería y al que había visto muerto, estuviese vivo. Esa meditación, hijo mío, me llegó a lo más profundo del corazón, y cuando me marché a la cama, seguía con ella en la cabeza, impresionada y contagiada de la alegría de María de Magdala. Lo pensaba y me llenaba. Me asombraba con la alegría y la felicidad de ese encuentro, no solo de María, sino la alegría del Señor, después de lo que había pasado. Así, en medio de ese contemplar con asombro ese episodio, me quedé dormida. Al día siguiente, al levantarme, aún con la alegría dando vueltas por mi cabeza con la escena de María buscando al Señor y preguntando a un jardinero si él había escondido su cuerpo, y sobre todo, con la alegría de María cuando, por la voz, por cómo pronunció su nombre el Señor, ella le reconoció. Decidí sentarme aún en la cama sin hacer, a repasar mis notas sobre esto. Quería recrearme un poco más en una escena de tanta alegría, de tanta luz tras la oscuridad. Las leí un rato y, al terminar, me puse en pie, oré dando gracias a Dios, y me dispuse a hacer mi cama en silencio. En ese momento, estirando las sábanas, oí la voz de Dios. Como a María Magdalena, me llamó: "¡María!". No porque yo me llame así, sino porque así reconoció ella en su corazón que aquel era el Señor, y que estaba vivo. Así pude vivir yo que el Señor está vivo en mi corazón. Sé que es extraño. Yo no sé si escuché aquella voz con el alma, no sé si con los oídos, o cómo. Pero esa voz era la de Dios, que me habló a mí para que yo le reconociera. Te puedo asegurar, hijo mío, que ese segundo, ese instante, me cambió la vida. Dios se sirvió de un momento para hacerse presente en mi corazón para siempre de una manera concreta. Desde entonces, puedo decir que yo conozco la voz de Dios. Que Dios me habló a mí. En ese momento me enamoré de Dios, y esa fue mi conversión. Mi verdadera conversión. Cuando yo me convertí al amor de Dios. Desde entonces, en los momentos de dificultades, de tristezas, de alegrías, o de lo que sea, yo siempre vuelvo a ese momento que sucedió tantos años atrás, en la soledad de mi habitación, porque ese momento me ha acompañado para siempre.

»Como he dicho, yo era un adolescente atolondrado y recibí esa confidencia con cierta emoción, más por el hecho de que mi madre me eligiera a mí para contarme algo que nunca había contado a nadie, que por lo tan impresionante que me contó. Pero le aseguro que al día siguiente yo seguí con mis cosas y mis ilusiones en la cabeza, como si nada. Y así pasé los años del seminario. Feliz y con ganas de ser sacerdote y Legionario. Quien me iba a decir a mí que esa anécdota a la que yo no di mayor importancia, iba a tener tanto impacto sobre mi vida, muchos años después.

"Te he nombrado profeta de las naciones… anuncia lo que yo te diré". Con estas palabras del profeta Jeremías, Su Santidad Juan Pablo II comenzaba la homilía de la ordenación sacerdotal de sesenta diáconos Legionarios de Cristo, el 3 de enero de 1991. Entre ellos estaba el padre Juan Solana. Con el paso del tiempo y el acontecer de los hechos, aquella palabras del Pontífice podrían parecer una descripción profética del destino que Dios había pensado para él, pues en muchas cosas se han ido cumpliendo a través de Magdala: "El Señor os ha llamado a ser profetas, os envía a proclamar su palabra…. Os manda a testimoniar ante los hombres que el Verbo eterno… ha puesto su morada entre nosotros, ha desvelado los secretos divinos, ha hablado con palabras de Dios".

A cada frase del Papa polaco, el corazón del joven padre Juan se ensanchaba ante la vida sacerdotal que se abría delante de él, y que lo llevaría más lejos de lo que nunca nadie pudo imaginar, siendo testigo del pasado, desde nuestro tiempo, para los que más tarde vendrán a ver la obra de Dios en el padre Juan. Estas fueron las palabras de Juan Pablo II:

"Vosotros haréis resonar Su voz en nuestro tiempo, de manera que quien la escuche pueda creer, caiga en la cuenta de haber sido llamado a la salvación por la obediencia de la fe, abrace la revelación y opte por poner libremente en las manos de Dios su propia vida. Por ello habéis de ser *profetas fieles*, capaces de dar razón cumplida, de la verdad que predicáis con la palabra y con la vida, premurosos en el servir a todos sin excepción, lo mismo a los que ya creen que a los que aún se hallan en busca de la verdad".

Apenas siete meses después de la ordenación sacerdotal de su hijo Juan, un duro golpe impactó en el corazón de doña Amparo. Su hijo Ángel, hermano mayor del padre Juan, murió tras una operación de urgencia, a corazón abierto, que no llegó a superar.

—Para mi madre fue tremendo —recuerda el padre Juan —Una situación bastante complicada, ya que mi hermano había sido tradicionalista, lefebvriano[1], cosa que había sido la espina de su corazón durante muchos años. De manera que ella aceptó su muerte con inmenso dolor pero con gran paz, ya que antes de la operación, él fue a la Villa de Nuestra Señora de Guadalupe, se confesó y comulgó. Murió siendo católico en Comunión con Roma, lo cual, sin ahorrar un gramo de dolor al corazón de mi mamá por la temprana muerte de su hijo mayor, sí alivió la situación. El hecho que le quiero relatar con esto es que al morir mi hermano, consideré que había llegado el momento de viajar por primera vez a México tras mi ordenación, y así celebraría allí mi Cantamisa[2]. Decidí viajar en febrero de 1992, para coincidir con el cumpleaños de mi mamá. Se me ocurrió también hacer algo para elevar su ánimo ante la muerte de mi hermano mayor. Le pedí que escribiera todas las gracias que Dios le había dado en la vida. De esta manera, la haría reflexionar sobre las cosas bonitas con que Dios había alumbrado su vida siempre, y despejaría un poco las feas.

»Su reacción fue negativa al inicio, pero bueno, la reacción típica de alguien que trata de vivir cierta humildad. Sin embargo, cuando se decidió, me escribió unas veinte páginas de su puño y letra. Veinte hojas muy hermosas que aún conservo y que copié a mis hermanos. Aquel

---

[1] Miembros de la hermandad sacerdotal fundada en 1970 por el obispo francés Marcel Lefebvre, en su día causante directo de un cisma entre dicha hermandad y la Iglesia Católica.

[2] Cantamisa o Primera Misa, es la celebración por parte del sacerdote recién ordenado, de una Misa con los familiares y personas más allegadas. No ha de ser explícitamente la primera Misa que celebre, sino que se busca una fecha adecuada para que puedan asistir todas esas personas amigas y familiares.

escrito comenzaba diciendo: "Hijo, me pides un imposible. Tendría yo que referir mi vida minuto a minuto". Ya en la segunda página comentó aquella experiencia de Dios que les he contado: "Me acuerdo cuando fui a los ejercicios espirituales, y meditando aquella predicación sobre María de Magdala, me habló Dios…". Fue el momento de su conversión, el momento de su vida en que experimentó el amor de Dios.

En este punto damos por cerrada la sesión de trabajo. Compartir estas experiencias como antesala de lo que vamos a contar ha llegado a ser emocionante. Repasando mis notas y escuchando de nuevo la narración del padre Juan, caigo en la cuenta de que él había aprendido con los años no a no llorar, pero sí a no hacerlo de pena ni añoranza, sino de alabanza a Dios, y, a ser posible, en privado. Aunque en algún momento me confesó no haber soltado ni una sola lágrima durante años, eso no significaba que no tuviera un corazón sacerdotal tan grande y humano como lo tuvo aquel sacerdote polaco que le impuso las manos el día de su ordenación. Esto es algo que se percibe hablando con él, viendo cómo trata las cosas, a las personas, y sus recuerdos y memorias.

Capítulo 03
EN NUEVA YORK

Una nueva jornada de trabajo en Jerusalén. Nos hemos levantado temprano y después de haber tomado un intenso café, nos disponemos a seguir hablando sobre la vida del padre Juan, y en esta ocasión, una anécdota inesperada me espera agazapada en su memoria como si la hubiese vivido el día anterior.

—Pasé los primeros años de mi sacerdocio en una bonita región del norte de Italia, cerca de Milán. Fue una época de preciosa iniciación de mi sacerdocio como formador en uno de nuestros seminarios. Una época bonita y de mucho trabajo, ya que también estudiaba. Jornadas de trabajo y oración que superaban las quince horas y que no dejaban mucho espacio a perder el tiempo. De allí me enviaron a mi siguiente destino, en Estados Unidos…

El padre Juan perdió su vista en el cielo de Jerusalén, por encima del Monte de los Olivos, absorto en mil recuerdos de los que ni uno quería dejar en el tintero.

—¿Padre, se encuentra usted bien?

Mi voz devolvió al padre al relato que había interrumpido. Estados Unidos le marcó mucho. Demasiado si tenemos en cuenta que su experiencia allí fue una preparación, una especie de purificación a la inmensa bendición que el Señor le regalaría más tarde en Galilea.

—Sí, estoy bien. Es solo que en Estados Unidos viví otro episodio que da indicios de que la mano de la Providencia ha guiado mis pasos hasta Tierra Santa, y trataba de hacer buena memoria. ¿Lo quiere oír?

—¡Cómo no! —exclamé como un niño que oyera un cuento contado por su abuelo.

—El 7 de abril de 2000 llegué a Cheshire, una pequeña ciudad del condado de New Haven, en Connecticut. Este es uno de los estados más pequeños de Estados Unidos, en la zona de Nueva Inglaterra. Llegué allí de la noche a la mañana, sin tener ni idea de inglés. Es como se hacían las cosas en la Legión y para mí no fue complicado. Aunque dejé un apostolado que me encantaba en Italia, no tuve ningún problema en aceptar la orden de mis superiores y marcharme con mi maleta allí donde ellos me consideraran más útil. O menos inútil, según se mire… El objetivo era precisamente aprender inglés antes de afrontar mi siguiente labor.

»Sin embargo, aunque es verdad que yo no tuve ningún problema en obedecer, y que había sido formado para actuar así, posiblemente mi cuerpo o mi mente no estaban tan preparados para asumir tantos y tan grandes cambios en tan poco tiempo. Otro país, otro idioma, otra cultura y una mayor responsabilidad. El 4 de agosto de ese año 2000, fui nombrado rector del Centro de Estudios Superiores de Thornwood, uno de nuestros seminarios internacionales más importantes, ubicado en el pequeño pueblo de Mount Pleasant, New York. La zona es espectacular, un lugar tranquilo con la ventaja de estar ubicado a media hora de Manhattan.

»En el cambio, al poco de llegar a Estados Unidos, empecé a pasar una crisis de ansiedad, con vértigos y pequeños pero muy intensos ataques de pánico. No se lo conté a nadie. ¿Para qué? No sabía qué era ni qué me pasaba, pero lo oculté con la esperanza de que se pasara. Era joven y siempre había gozado de buena salud. Sin embargo, ansiedad, mareos, vértigos y la idea de que me iba a morir, eran la ensalada diaria con la que me levantaba cada mañana de la cama, y que me acompañaba durante todo el día. El punto culminante de este proceso llegó en septiembre, al principio del curso de 2001. Por esas fechas se hacía un programa de acogida a los chicos que, de diferentes partes del mundo, llegaban nuevos a nuestro seminario. Eran unos días de convivencia en los que la gente se asentaba en un país nuevo, con un nuevo idioma y una vida nueva, al fin y al cabo.

»Una tarde hice una visita a una persona a la que llevaba la dirección espiritual. Me acompañaba en el coche un hermano nuestro canadiense, el hermano Thomas Murphy. De regreso a casa, estando ya bastante lejos de la Gran Manzana, le pregunté:

—Hermano Thomas, ¿sabe usted por qué la IBM tiene sus oficinas en esta zona, tan lejos de Manhattan y de todas las demás grandes compañías?

—Oí una vez que se vinieron aquí, lejos de la ciudad, por miedo a un ataque terrorista en Manhattan— respondió el hermano mientras conducía.

—¡Qué tontería! —dije yo —¿Cómo va a haber un ataque terrorista en Manhattan?

»La cosa es que llegamos al seminario hablando de ese tema, tratándolo más como una histeria de los americanos que como una posibilidad auténtica. Era la tarde del lunes 10 de septiembre de 2001, apenas unas horas antes del mayor ataque terrorista de la Historia… en Manhattan.

»El problema estaba en que como yo nunca había pensado como sí lo habían hecho los de la IBM, el plan cultural que había preparado para hacer la mañana siguiente con los seminaristas recién llegados, la del 11 de septiembre, era una visita a las Torres Gemelas.

»Llegué con el hermano Thomas a la hora de cenar. Ocupé en el comedor mi puesto de rector y, tras hacer la bendición de la mesa, me pude fijar en esos chicos. Estaban entusiasmados con su visita a las Torres Gemelas ¡Imagínese! Muchos de ellos era la primera vez en su vida que habían salido de su pueblo, chicos jóvenes con toda la inocencia y la sorpresa en sus rostros ante semejante aventura. Yo estaba también feliz por ellos, ya que una vez que comenzase el curso no iban a disponer de muchas oportunidades de hacer visitas como esa.

»Por esta razón me fastidió un poco que otro de los padres empezara a dinamitar ese entusiasmo al proponerme a mí, como rector que era, cambiar el destino de la excursión. Su argumento fue muy lógico. Él decía que si los chicos iban a pasar un par de años en New York, antes o después podrían conocer el las Torres Gemelas, pero que una vez que empezasen los estudios y el régimen interno del seminario, tendrían imposible visitar algunas otras cosas también interesantes, aunque algo más lejanas, como podía ser la ciudad de Boston o Philadelphia. Su propuesta era más lógica que la que ya había, pero a los chicos les atraía mucho más hacerse una fotografía en la cima del mundo comercial que cualquier otra cosa. La decisión estaba en mi mano. ¿Seguir con el plan establecido o contrariar a los muchachos? Si hubiese visto el futuro por un momento no me hubiese costado tanto cambiarlo. Sin embargo... a regañadientes, lo cambié. ¿Por qué? No lo sé. Los seminaristas se irían a Philadelphia, y aunque nadie mostró ningún malestar, noté que no les sentó nada bien.

»La mañana del 11 de septiembre desayunamos todos bien temprano, y los seminaristas salieron a Philadelphia al amanecer. Estaban contentos. Al fin y al cabo iban a pasar un día divertido, alejados del rector que les había aguado su excursión a las Torres Gemelas. Yo me quedaría en casa adelantando trabajo, que por aquella época era mucho el que tenía.

»Despedí a los hermanos y subí rápido a mi despacho. Hice una pequeña oración antes de comenzar el trabajo y me sumergí en él con ahínco. Al poco rato sonó mi teléfono. Yo no lo cogí, pues estaba demasiado ocupado en un documento. La llamada se repitió y también la ignoré. Por tercera vez sonó el teléfono e interrumpí lo que estaba haciendo. Era el padre Eamon Kelly. Me habló muy rápido, dándome un mensaje en inglés que yo no entendí muy bien, y que por lo poco que logré captar, creí haber entendido aún peor. Era algo sobre un ataque terrorista en Manhattan. Recordé la conversación del día anterior en el coche y pensé que no era importante, así que le di las gracias por contármelo y colgué el teléfono para seguir con mi trabajo. No le di mucha importancia, por no decirle que ninguna. Sin embargo, no pasaron ni cinco minutos cuando el teléfono volvió a sonar. Lo descolgué enojado, pero el padre Kelly me apremió para que bajara al salón.

—Padre Juan, venga abajo. Estamos viendo por el televisor las noticias del ataque terrorista. Es algo gordo.

»Me callé, cerré mi ordenador y bajé corriendo las escaleras. Entré al salón y allí estaban unos cuantos padres ante la televisión. Antes de poderme hacer una idea de lo que pasaba, miré a la pantalla y lo primero que vi, en directo y en tiempo real, fue un avión enorme impactando en una de las Torres Gemelas. Era el segundo avión. El comentarista gritó y yo me quedé petrificado. En cuanto pude reaccionar, pregunté:

—¿Alguien sabe donde están los hermanos?

»Todos se quedaron callados e inmóviles durante tres segundos eternos. Una vez pasados, se pusieron en marcha tratando de localizarlos. Aunque en principio habían salido hacia Philadelphia, yo quería saber dos cosas: dónde estaban, y si estaban bien.

»Se te pasa de todo por la cabeza en ese momento. Fueron minutos de pánico para mí. Las líneas de teléfono estaban cortadas y en medio de ese caos, con sensaciones de auténtico miedo recorriéndome el cuerpo desde la punta de mis pies hasta el último pelo de mi cabeza, yo no dejaba de pensar: "debíamos estar allí dentro".

»No se cuanto tiempo pasé allí sentado. Una hora, tal vez. Viendo cómo la gente moría de una manera tan terrorífica. La cosa es que en el momento en que me confirmaron que los hermanos estaban bien, rumbo a Philadelphia, sentí que mi cuerpo se hundía agotado. Me sentía dolorido, como si me hubiesen pegado una paliza. Subí como pude hasta mi habitación, cerré la puerta para que no me molestara nadie y me acosté en la cama, cuando aún era medio día. Necesitaba apagar mi cabeza y dejar de sentir por un rato, dejar de pensar. Y me dormí.

»Los días siguientes los recuerdo con pavor. El día de los ataques fue como digo la culminación de todo ese proceso de mis ataques de pánico y ansiedad. Aquello derivó en lo que yo creo que fue una depresión. En realidad no lo supe identificar, ni valorar, ni expresar a nadie. Lo que sé es que yo me arrastraba por la vida. Me sentía limitado en cada cosa que hacía. Cualquier tarea, por pequeña que fuera, me superaba. Vivía falto de fuerzas, ahogado en el día de a día de un montón de cosas que toda mi vida había solventado como si nada y que en ese momento, me costaban un mundo. No fue una depresión de meses, sino de años. En esa situación de la que como he dicho, nadie sabía nada, más que mi director espiritual, recibí la noticia de mi siguiente traslado. Otra vez, casi de la noche a la mañana, tenía que hacer mi maleta y marcharme a Israel. Me marchaba a Tierra Santa.

Capítulo 04
LLEGADA A ISRAEL: NOTRE DAME
CENTER JERUSALEM.

La casa para peregrinos Notre Dame of Jerusalem Center surgió de las primeras experiencias de peregrinaciones en Tierra Santa, digamos en la Era Moderna de las peregrinaciones, aprovechando los avances de la época en lo que a medios de transporte y flujos de información se refiere. En torno a 1882, los Padres Asuncionistas[1] franceses concibieron la idea de construir cerca de la Ciudad Santa un centro para peregrinos. El Conde de Piellat encontró una parcela de 4.000 m², junto al Hospital de San Luis, que había ordenado construir él y que financió con parte de su fortuna.

Este Conde de Piellat, de nombre Paul Marie, nació en Viena en 1852 y dedicó buena parte de su acomodada juventud a viajar por algunas de las más impor-

---

[1] Asuncionistas o Agustinos de la Asunción, congregación religiosa de Derecho Pontificio fundada en Francia, en el año 1845, por el padre Emmanuel D'alzon.

tantes ciudades europeas, hasta que con veintidós años, en 1874, conoció Jerusalén y no quiso viajar nunca más a ningún otro lugar. Regresó a la Ciudad Santa otras treinta y una veces, muchas de ellas como guía de peregrinos, hasta su muerte, acaecida el 29 de abril de 1925, en Jerusalén.

El Conde aseguraba ser descendiente directo de cruzados cristianos y, preocupado por la escasa presencia católica en Jerusalén, a buena parte de su trabajo y bienes se deben algunas obras importantes de la actual ciudad de Jerusalén dedicadas a las peregrinaciones que llegan desde Occidente.

La primera piedra de Notre Dame fue colocada oficialmente el 10 de junio de 1885, y tres años después se pudieron alojar los primeros peregrinos. Los trabajos duraron veinte años y fueron terminados en 1904, con la colocación de una gran estatua de la Virgen María que corona la fachada principal de un edificio monumental, casi palaciego, que combina pequeños detalles de estilo versallesco con elementos de monasterio y fortaleza, ubicado a diez minutos a pie del Santo Sepulcro.

En sus inicios, ademas de acoger peregrinos, el edificio sirvió como seminario de los Asuncionistas. En la Guerra Arabe Israelí de 1948, su parte sur, la más cercana a la Ciudad Vieja, fue destruida por dos bombas, y la parte norte y las casas del jardín trasero, donde hoy se ubica el despacho del padre Juan donde estamos trabajando, fueron ocupadas por refugiados. La situación mundial de la posguerra disminuyó el número de las peregrinaciones y los Asuncionistas tuvieron que deshacerse del costoso edificio, vendiendo la propiedad en 1972 a la Santa Sede y marchándose de allí.

Roma lo adquirió para tener su centro oficial de peregrinaciones en Tierra Santa, por llamarlo de algún modo, pero las peregrinaciones llegaban por rachas, dependiendo un poco de la situación política de cada momento.

Durante la Primera Intifada[2] y la Segunda, obviamente las peregrinaciones casi se pararon por completo. Finalmente, fue en medio de esta última, el 26 de noviembre de 2004, cuando el Papa Juan Pablo II encargó la gestión de Notre Dame Center a los Legionarios de Cristo, a través de un *Motu Proprio*[3]. El Pontífice dispuso entonces que el director sería el padre Juan Solana, un hombre que, careciendo de toda experiencia tanto en la gestión de hoteles como de la situación política y religiosa de Israel, tenía toda la confianza de sus superiores para sacar adelante un hotel cien años después de que lo construyera, con aires de grandeza, un conde francés, y en medio del caos de las mil guerras que nunca acaban en Jerusalén.

El padre Juan no me dio en este punto demasiadas explicaciones sobre la situación política de Israel. Teniendo en cuenta que me he molestado en informarme lo mínimo antes de visitar este país, diré que sé más o menos lo que todo el mundo sabe de Israel, que es que sin tener mucha idea de qué es lo que pasa en realidad, las cosas no están muy bien por aquí. Así, el padre Juan continuó

---

[2] Intifada, en árabe 'levantamiento', es el nombre popular con que se conoce a las dos rebeliones violentas recientes de los palestinos de Cisjordania y de la franja de Gaza contra el Estado de Israel. La Primera duró desde 1987 hasta 1993. La Segunda, desde 2000 hasta 2005.

[3] Motu Proprio es un documento de la Santa Sede emanado directamente del Papa, por su propia iniciativa y autoridad.

recordando, en un recorrido hablado por su memoria, sobre lo que fue su llegada a Jerusalén.

—Viajé a Roma en julio de 2004 para vivir un tiempo de preparación antes de llegar a Israel. Intenté aprender algo de árabe, pero es una lengua que no me entra por ningún lado. Tampoco me faltaron allí un buen número de, digamos, pesimistas, que me desaconsejaron en privado aquella experiencia. Por un lado, los que me hablaron de lo maravilloso que podía ser vivir en un país eternamente instalado en el límite de una guerra. Por otro, los que sabían por vete tú a saber qué experiencia, que aquello de Notre Dame de Jerusalén era una trampa en la que iba a pagar por todos mis pecados. Por una cosa o por otra, ellos acabaron por derrotarme y terminé por tener miedo de lo que me podía esperar. Lo pasé mal, muy mal. Tanto es así que un par de días antes de irme a Israel, llegué desanimado hasta el Vaticano. Era el 5 de noviembre de 2004. Fui allí con la intención de celebrar una Misa y pedir a Dios su fuerza, su ánimo, su consuelo. Necesitaba de Él. Si Dios existía, tenía que mostrárseme de alguna manera. Yo sabía que sí, que Dios existía, pero en ese momento necesitaba verle como fuera. Necesitaba su gracia para poder desarrollar, al menos con dignidad y sin crear problemas, la misión para la que me habían elegido y que en mi imaginación me superaba por todos lados.

»Me revestí en la sacristía de la Basílica de San Pedro y al salir, me fui hacia el altar de la Virgen Gregoriana. Es una advocación muy querida por nosotros, los Legionarios de Cristo, pero al llegar estaba ocupado. ¡Ya ni eso me salía bien! Así que empecé a dar vueltas por la Basílica de San Pedro, buscando un altar en el que celebrar Misa, pedir ayuda a Dios, y marcharme a Israel. Pero no había ninguno libre.

»De pronto, por el rabillo del ojo, vi un altar al fondo, semiescondido, que yo no conocía. Estaba libre, vacío, y me dije que allí celebraría. Al llegar, no me fijé en nada. Estaba apesadumbrado, orando en ese silencio que no necesita ninguna palabra y que Dios oye tan bien.

»Me puse en pie, besé el altar y elevé los ojos al cielo. Ahí todo se acabó. Ahí, Dios se manifestó. Ante mí se alzaba un mosaico enorme que representaba una imagen evangélica. La de Pedro hundiéndose en el Mar de Galilea, siendo reprendido por Jesús con una frase que se me clavó en el corazón: "Hombre de poca fe, ¿por qué has dudado?".

»Recordando esta escena, me he dado cuenta con los años que ese periodo fue para mí un caminar sobre el agua. Yo sentía que me hundía en aquello que se me pedía, y de mi interior nacía el mismo grito de temor que le nació a Pedro: "¡Sálvame, Señor!".

»Ahora sé bien que este tipo de experiencias que nos lo hacen pasar tan mal, no son para mal. Dios las permite para entrenarnos ante algo que nos ha de venir. Para purificarnos, para hacernos más dóciles a su voluntad. Lo que he aprendido por mi propia experiencia es que, aunque estemos en una experiencia caminando sobre el agua, si está Dios, es cuando la vida funciona. Incluso más allá de las evidencias que invitan a desconfiar, Dios te sostiene y no permite que te hundas si te confías a Él.

»Pero bueno, esto no quita que tú tengas tus miedos en esa experiencia. En el fondo, la oración que yo tenía esos días en mi corazón, aun sin verbalizar, era la de Pedro: "¡Sálvame, Señor!".

»Encontrarme por tanto con ese altar llamado de *La Navicella*, con esa imagen evangélica ante mí, fue como digo una contundente respuesta de Dios. Y no deja de ser curioso que de todas las escenas representadas en la Basílica de San Pedro, esta es casi la única con motivos del Evangelio. Los demás altares, esculturas, mosaicos y pinturas siempre hacen referencia a santos o papas, pero nunca a una escena como tal del Evangelio. Por eso creo firmemente que esa fue para mí la introducción perfecta que me dio el Señor para irme a Tierra Santa. Una escena evangélica que me trasladaba allí, y que me abría una ventana al Mar de Galilea.

»Ese mensaje, esa mañana, era para mí. Dios, en su Providencia Amorosa, me llevó a ese altar desconocido porque ahí era donde Él me quería hablar. Dios, ese momento, me envió el mensaje de que era Él quien me enviaba a Tierra Santa y que era Él quien me acompañaba. De que no era un viaje mío, sino suyo al que iba yo con Él. Llevado por Él, invitado por Él. Ese mensaje era: Dios te envía. Dios te acompaña. No vas sólo.

»Esa fue la experiencia que viví en el Altar de *La Navicella* esa mañana en la Basílica de San Pedro, lugar donde había recibido años antes el sacerdocio. Aquello, por la Gracia de Dios, le dio la puntilla final a mi depresión secreta. Una sola semana después, quien me lo iba a decir a mí, estaba sentado a la orilla del mismo Mar de Galilea, tocando el Cielo con uno de mis dedos, soñando despierto con un proyecto imposible, inimaginable, que hoy, ya está claro, fue pensado por Dios.

»Llegué a Notre Dame de Jerusalén el 7 de noviembre de 2004 y, la verdad, el panorama no era muy halagüeño. Encontré un edificio majestuoso con preocupantes signos de decadencia, cuando no de abandono. La gestión del hotel tenía unas notables pérdidas. Estábamos en plena Intifada y el hotel estaba casi vacío. No sólo el hotel, sino todo Jerusalén y Tierra Santa. Así que allí llegué yo con la misión de reflotar aquello, sin tener ni idea de hebreo, ni de árabe, ni de qué les pasaba a los judíos ni a los palestinos, sin saber nada de todo aquel jaleo. Conocí al personal del hotel, que vivía en un estado de inquietud profesional aguda, dadas sus circunstancias nada favorables y el cambio en la gestión de Notre Dame. Tras atender mis primeras obligaciones, en cuanto pude, me escapé a Galilea. Necesitaba orar y descansar la cabeza.

»Me pude ir una semana después de mi llegada. Me fui a Galilea con la idea de conocer aquello, de salir un poco de Notre Dame y de orar. ¡Ya que estaba en Tierra Santa, qué mejor lugar para retirarte que Galilea! De modo que aquella tarde del 15 de noviembre de 2004, por primera vez en mi vida, pasé por delante de Magdala. O de donde se suponía que alguna vez estuvo Magdala, porque lo que vi aquella primera vez, poco o nada tenía que ver con la Magdala de María Magdalena.

Capítulo 05
MAGDALA, MIGDAL Y AL-MAJDAL

En el año 1906, una veintena de colonos católicos de procedencia alemana llegaron con su vida a cuestas a la orilla del Mar de Galilea. Granjeros, hombres de campo y de fe, que siguiendo las pistas marcadas en un viejo cuaderno de viaje por un peregrino antepasado, se lanzaron a una aventura quimérica que no era otra que la búsqueda de la antigua ciudad de Magdala, bastión judío en la época romana durante los tiempos de la Gran Rebelión, y de donde procedía una de las más importantes mujeres que acompañaron a Jesús por estas tierras.

Se instalaron a un kilómetro de la orilla, alejados del asentamiento árabe de Al—Majdal, población musulmana formada por algo menos de trescientos individuos que vivían a la orilla del mar en cabañas y casas bajas de piedra, con una mitad de su vida ocupada en la tierra y el ganado, y con la otra mitad pendiente del agua del mar y su pescado.

Acribillados por los mosquitos, machacados por la malaria, la aventura de estos colonos católicos alemanes duró apenas dos años. Tuvieron que malvender las tierras que tan caras les habían costado y se largaron de allí. Los afortunados por esa venta de emergencia fueron un grupo de *bilu'ims* rusos, judíos cuyo objetivo era el asentamiento agrícola en la Tierra de Israel. Conocidos también entre el pueblo hebreo como 'pioneros palestinos', en el sentido de que formaron el primer gran movimiento de colonización hebrea de Palestina, y siendo origen también del fenómeno de los *kibutz*, comunidades agrícolas que han vertebrado con el tiempo el actual Estado de Israel.

A Migdal llegaron un par de familias de estos *bilu'ims*, a las que pronto siguieron algunas más que llegaron huyendo de la persecución iniciada en la Revolución Rusa de 1905. Eran campesinos a los que poco les importaba Magdala o lo que allí pudieran encontrar. Ellos querían aquellas tierras porque no tenían otras y porque las consideraban suyas. Las querían para sacar adelante a sus familias, para cultivarlas, no para excavarlas buscando ninguna ruina arqueológica. Para morir en ellas cuando llegase la hora, para tener un hogar. De esta manera combatieron a los mosquitos y fundaron la actual aldea de Migdal, en la que aún hoy se puede visitar una máquina del tiempo disfrazada de museo con la que viajar cien años atrás, cuyas fotografías y documentos de la época atestiguan esta historia, así como un pequeño campanario de andamiaje, que fue en su día el lugar de encuentro de aquellos católicos alemanes que vinieron en busca de Magdala y que se tuvieron que marchar no habiendo encontrado nada más que muerte, ruina y enfermedad. Estuvieron cerca, muy cerca. Mucho más de lo que ellos pudieron imaginar. Sin embargo, la Providencia de Dios tenía pensada otra historia para la antigua ciudad de Magdala.

En 1912, la orden franciscana pudo comprar unos terrenos aledaños a Al—Majdal, y a medida que avanzó el siglo XX, la vida prosperó para todos tanto aquí como en el asentamiento judeoruso de Migdal.

En 1948, al estallar la Guerra Arabe Israelí, los habitantes árabes de Al—Majdal fueron evacuados. De su presencia quedan aún vestigios visibles, como una vieja cúpula que en su día fuera blanca, hoy pintada de verde, pegada a la carretera, y alguna pequeña ruina escondida por la maleza y abocada a la desaparición.

En la década de 1970, la orden franciscana comenzó unas excavaciones arqueológicas en el terreno que compraron a principios de siglo y, cual fue su sorpresa cuando, al mover un poco de tierra, se encontraron los restos, ahora sí, de una ciudad antigua que se dio por Magdala, si bien es cierto que aquellos restos no eran de la época de Jesús.

Las excavaciones comenzaron en 1971 y al darse por cerradas en 1978, habían salido a la luz restos bizantinos de una iglesia, y también los de una torre árabe, pero nunca anteriores al siglo IV d.c. Además, se encontró el enlosado de una plaza y unas cuantas calles y casas sin mucha importancia arqueológica, datando todo el conjunto por los arqueólogos en una amplísima horquilla que va desde el siglo IV antes de Cristo, hasta el XI después de Cristo. Aquella ciudad de Magdala, por tanto, no era tal y como la conocieron el Señor y María de Magdala, sino muy cambiada en su estructura y arquitectura.

La ubicación de ambos asentamientos y sus nombres —el árabe Al—Majdal del asentamiento musulmán, y el Migdal de aquellos colonos alemanes que llegaron a principios del siglo XX—, sugieren en realidad que ambas denominaciones son las adaptaciones en según qué lenguas de la antigua Magdala citada en los Evangelios como la ciudad de procedencia de María Magdalena, ciudad a la que Flavio Josefo[1] se refiere como Tariquea en su traducción al griego de su época. Obviamente, la Magdala evangélica se debería encontrar en el área que ocupan Migdal y Al—Majdal, siendo una zona extensa con importantes asentamientos y actividades, que evolucionó desde los tiempos de María Magdalena hasta los tiempos bizantinos, como atestiguan aquellas ruinas encontradas por los franciscanos. Sin embargo, entre la propiedad franciscana y la Migdal actual, encontramos algo más de un kilómetro yermo de campo, desde la orilla del Mar hasta más allá de la carretera, que no tuvo otra explotación económica en los cien últimos años que la de un hotel compuesto de bungalós con salida al Mar, que si bien es cierto que tuvo su esplendor allá por los años setenta y ochenta del siglo XX, a principios del XXI estaba en absoluta decadencia. Eso es lo que encontró el padre Juan Solana al llegar por primera vez a Galilea. Allí donde él esperaba que estuviera la Magdala de María, lo que había era un hotel de bungalós abandonados con el poco evangélico nombre de Hawai Beach.

---

[1] Tito Flavio Josefo (37—101), Historiador judío del siglo I, autor de obras históricas como la *Guerra de los Judíos* y *Antigüedades judías*. Enviado a Galilea por el Sanedrín de Jerusalén como Comandante de la provincia durante la Gran Revuelta contra los romanos, se instaló en Magdala en el año 66, dos años antes de su destrucción. En sus escritos atestigua la presencia y milagros de Jesucristo. Murió en Roma en torno al año 101.

El padre Juan sonríe con ternura al recordar a una anciana señora que en ese pequeño museo conserva esta gran historia. Nacida en Migdal hace más de setenta años, es testigo directo de todo lo aquí acontecido, y hace guardia cada día, en la puerta de su baúl de los recuerdos particular, para contarle esta historia a cualquier visitante que se acerque por allí. Con ella en la sonrisa y la memoria, el sacerdote continua con su relato, rumbo al pasado.

—Como comprenderá, después de oír la historia de mi madre, yo siempre tuve una sensibilidad especial por la figura de María de Magdala. Entenderá entonces que aún recuerde como si hubiese sido ayer el momento en que pasé por delante de Magdala en ese viaje a Galilea. Fue el 15 de noviembre de 2004, una semana después de haber llegado a Jerusalén.

»Me traía don Aldo Tolotto, sacerdote que fuera antes que yo director de Notre Dame y que hacía por esos días de guía para mí. El hecho fue que yendo camino de Cafarnaum, donde se encontraban entonces algunas de las ruinas más importantes de la Galilea de Jesús, yo contemplaba desde el coche, totalmente asombrado, las aguas del Mar de Galilea. ¿Cuantas veces había leído tantas cosas que sucedieron en ese mismo lago? Ahora yo estaba allí, frente a sus aguas. De pronto, como si cualquier cosa, don Aldo señaló hacia la orilla y, sin detener el coche ni nada, dijo:

—Mire. Ahí está Magdala.

»Al oír esto, mi corazón pegó un salto.

—¿¡Magdala!? ¿¡Seguro!?

—Sí, padre. O lo que quede de Magdala.

»Yo miraba por la ventana y no veía nada. Al menos nada llamativo que indicase que allí abajo, a escasos doscientos metros de la carretera, estaba Magdala. De modo que grité:

—Padre, ¡párese!

—¿Parar? No, nosotros vamos a Cafarnaum. Aquí no hay nada que ver.

—¡Padre, por favor! ¡Detenga el coche!

»Don Aldo detuvo el coche en la cuneta, un poco sorprendido por mi excitación. Yo me bajé y me quedé mirando hacia allí abajo con el corazón en llamas. No me lo podía creer. Un poco en dos sentidos tan diferentes. Por un lado, no daba crédito de que ahí, en esa orilla del Mar de Galilea, hubiese estado Magdala, el pueblo de María Magdalena, donde seguro que predicó alguna vez nuestro Señor y donde hizo milagros, y no existiera de ningún modo en el mapa de las peregrinaciones a Tierra Santa. Por otro, porque de alguna manera, yo sabía que ese lugar era importante y que estaba allí, aunque no se viera. En un momento dado, don Aldo me dijo:

—Mire, hay un hotelito de veraneo ocupando la zona. Se llama Hawai Beach, pero no hay nada más.

»Se me cayó el alma a los pies. Efectivamente había un complejo que no saldría en ninguna revista de vacaciones. Tenía pinta de estar viejo, sucio y descuidado, y así y con todo eso, a pesar de la decepción, les digo que ese sitio se me quedó grabado en el corazón. El olor, la vista, el color, el ambiente. En ese momento, uniendo en mi corazón la experiencia que vivió mi mamá con María Magdalena, y el hecho de estar allí, se me marcó una idea en el corazón que no se borró jamás. Una frase que yo oía en mi cabeza a todas horas: Magdala está ahí.

»Continuamos nuestro trayecto y esa noche la pasamos cerca de Tabgha, en el lugar del Primado de Pedro, acogidos por las hermanas franciscanas que cuidan del lugar. Sucedió que yo no pude dormir bien, de modo que bajé a la orilla del lago a meditar. Yo estaba bien, alegre, disfrutando de estar en aquel lugar, aunque inquieto no sabía bien por qué. Imaginaba que era un poco por toda la situación de estar recién llegado, de ver el estado en que se encontraba Notre Dame... En fin, por mil cosas que tenía en la cabeza, pero contento, tranquilo, feliz de estar allí. Estaba en la orilla del lago pensando en el Señor y haciendo oración. Era poco antes del amanecer. De pronto, apareció allí, enfrente de mí, un pescador en una barca pequeña, echando la red al lago. Aquella escena me emocionó. Aunque aún estaba un poco oscuro, yo empecé a sentirme como en el Cielo. ¡No podía ser todo aquello tan fiel a la propia lectura del Evangelio! De repente, en medio de esa honda emoción, llegó como un huracán una idea abrumadora, una pregunta más bien, que se me instaló en la cabeza y que no me dejó en paz el resto del tiempo que pasé allí. ¿Qué hago yo aquí? ¿Qué haces aquí, padre Juan? No es que hubiese perdido la conciencia de que yo estaba allí para dirigir Notre Dame. Eso lo tenía muy claro y mi misión no tenía nada que ver con Galilea. Además, aunque el cambio a efectos prácticos, administrativos, culturales, organizativos, conceptuales y de todo tipo entre Estados Unidos e Israel es tremendo, yo tenía los pies bien clavados en el suelo, y nunca fui un soñador. Mi cometido era Jerusalén. Pero esa pregunta se me subió encima en esa orilla y ya no me dejó en paz. Comencé así un pequeño diálogo conmigo mismo. ¿Qué harías aquí, a la orilla de este lago? ¿En Galilea? Yo estoy en Jerusalén... pero, ¿qué harías aquí? ¿Harías un una iglesia? ¿Otra más? ¡Ya hay muchas!

¿Dónde la harías, padre Juan? ¿Y por qué otra iglesia? Entonces volví a ver esa barca que estaba muy cerca de la tierra y se me vino la imagen del Señor predicando ahí, en ese lugar. Él subido en la barca y la gente escuchándole desde la orilla. Fue cuando vi por primera vez la idea de la barca. Me dije: "Juanito, a lo mejor, puedes comprar una barca y celebrar Misa en ella, con los peregrinos, cruzando el lago…". Entonces fue cuando el Señor me inspiró la imagen de una iglesia a la orilla del lago en la que pudieses tocar el agua con tus manos y cuyo altar fuese una barca. Vi la posibilidad de celebrar Misa en una barca de verdad y que los fieles se sentaran alrededor de ella. Era una iglesia que estuviera medio en el agua, medio en tierra, con los feligreses sentados al rededor del Pan del Altar como lo estaban entonces alrededor del Pan Vivo que es Cristo.

»Todo ese conjunto hizo que esa mañana, ese martes 16 de noviembre, a la orilla del lago, se encendiera en mi corazón un deseo de hacer algo. Fue una inquietud inexplicable, ya que yo no tenía que ocuparme de otra cosa que no fuese Notre Dame. A partir de esa noche, me pasé como dos o tres meses soñando con hacer algo en ese lago. Desde aquella madrugada a la orilla del Mar de Galilea, en la que el Señor me inspiró todas aquellas ideas, yo soñaba con esa barca y esa iglesia frecuentemente. Pero con una idea también muy marcada y es que, se hiciera allí lo que se hiciera, tenía que ser algo con vida, un lugar en el que se tocara al Jesús vivo, no un montón de piedras. Debía de ser algo parecido a lo que encontraban las gentes de la época que llegaban desde tan lejos a Galilea buscando a Jesús. Igual que pasa ahora con los peregrinos. A veces me da mucha pena ver que vienen de tan lejos y no somos capaces de ofrecerles nada que les haga conocer a Jesús, hablar con Él, vivir su encuentro personal con Cristo. La peregrinación a Tierra Santa no puede terminar como un viaje interesante. Ha de ser vivencial, que conmueva al cambio de la persona, a la conversión a Cristo, y en nuestra mano está facilitar ese encuentro o no hacer nada.

»En varias ocasiones desde noviembre de 2004 hasta marzo de 2005, cada vez que me podía escapar de Jerusalén, yo iba a Galilea y allí, andando por la orilla del lago o en alguno de aquellos montes, meditaba sobre todo esto. ¡Aquello era Galilea! El Monte de las Bienaventuranzas, Magdala, Cafarnaum... Me fascinaba todo lo que en ese lugar había pasado, me asombraba que ahora yo estuviese allí, y me preguntaba una y otra vez: Juan, ¿qué harías tú aquí?

»Esto llegó a ser tan insistente en mi cabeza que un buen día me di cuenta de que no podía seguir así. No podía pasarme gran parte del día y casi toda la noche volando con estos sueños en mi imaginación, y tomé la determinación de decidir si iba a hacer algo o si no, y en caso de que sí, qué era lo que iba a hacer. De modo que así surgió la idea de construir una casa para peregrinos con una iglesia en Galilea. Ya sé que puede parecer poco original, pero la idea no era sólo acoger a peregrinos con el fin de que visitaran el lago, sino que se trataba de que los peregrinos que vinieran pudieran vivir la enorme experiencia de Cristo que ofrece el Mar de Galilea.

»A todo esto, tenga en cuenta que yo formo parte de una congregación religiosa y he hecho voto de obediencia. No podía emprender ningún tipo de proyecto fuera del que me habían encomendado sin antes consultarlo con mis superiores y sin tener su permiso. Se dio la circunstancia de que en enero de 2005, los Legionarios de Cristo tuvimos en Roma un Capitulo General Ordinario. Cuando hubo terminado, aprovechando que nos habían encomendando Notre Dame, los padres capitulares vinieron en peregrinación a Tierra Santa. Vino el padre Álvaro Corcuera, por entonces Superior General de la Legión, y estuvo también el padre Luis Garza, que era el Vicario General. El hecho es que, tras aquella peregrinación, el padre Luis Garza se quedó unos días y me tocó acompañarle en muchos momentos de oración, de conversación y también de silencio. Así que en una oportunidad que me dio le conté todas estas divagaciones mías y me dio luz verde a seguir orando sobre ellas y a tomar también las decisiones que creyera oportunas. El padre Álvaro Corcuera me dijo lo mismo y he de decir que, en realidad, ninguno de los dos dio demasiada importancia a lo que yo les contaba. Ahora, con el paso del tiempo, me doy cuenta de que ellos por aquel entonces tenían otro tipo de preocupaciones mucho menos amables que lo que pudiera estar haciendo uno de sus curas en Galilea, a miles de kilómetros de Roma.

»Fechas más tarde hablé con el Nuncio de Su Santidad en Tierra Santa, monseñor Pietro Sambi[2]. Este fue un gran hombre de Iglesia. Fue un padre para mí. Cuando yo llegué aquí andaba por ahí como un pato mareado, sin hablar los idiomas locales, sin saber los jaleos que se andan entre judíos y palestinos, y monseñor Sambi

---

[2] Monseñor Pietro Sambi (Cesena, 1938 - Baltimore, 2011), Nuncio Apostólico de Israel entre 1998 y 2005. Ya lo había sido antes en Burundi e Indonesia, y más tarde en Estados Unidos, donde falleció.

me dio muchos y muy sabios consejos. Me orientó y me visitó con frecuencia. Una buena mañana, me dio una luz muy importante al compartirle mis inquietudes. Dijo que era una idea muy interesante y también una necesidad de Tierra Santa, que me lanzara a por ella. Se refería a que los peregrinos que llegan a Tierra Santa merecen una atención fundada en la experiencia del encuentro personal con Cristo, ya que si le quitamos eso a Tierra Santa, esto no son más que un montón de piedras, y por esa linea quería yo construir una casa para los peregrinos y la iglesia en Galilea, como les he contado, pero con la idea de que estuviera abierta a todo el mundo. No solo a católicos. No solo a cristianos. No solo a un grupito determinado. A Galilea, en tiempos de Jesús, llegaba gente de Judea, de Samaria, de Idumea, de la Decácoplis, de Perea, de Fenicia, Siria, Egipto, Cartago, Frigia, romanos, griegos, gentiles, judíos de diferentes tribus y cometidos, saduceos, fariseos, levitas, escribas. ¡Galilea estaba plagado de zelotes! Este era un grupo de extremistas violentos, con mala prensa entre la gente de bien, ¡y el Señor llamó a uno de ellos como apóstol! Lo mismo pasa ahora. No sabes quien y por qué hace presencia aquí, pero aquí se puede encontrar con el Señor, y esta iglesia y esta casa para peregrinos que yo tenía pensados, debían estar abiertas a todos, sin distinción.

»Ahí me di cuenta, tras hablar con el Nuncio y ver que me animó, de que ya estaba en marcha y que había dado pasos importantes. Así que ya puestos a preguntar y por cortesía, hablé también con las dos máximas autoridades católicas de Tierra Santa. Primero, con el patriarca Latino de Jerusalén, que entonces era Michel

Sabbah[3]. También me animó mucho y me ofreció todo su apoyo. Luego hablé con el Custodio de Tierra Santa, que entonces ya era el padre Pizzaballa[4]. Cual fue mi sorpresa cuando al comentarle la idea a este último, como el que no quiere la cosa, me dijo algo que me dejó de piedra. Si yo ya había dado pasos importantes, me di cuenta de que la Providencia me llevaba la delantera.

—Padre, ahora que lo dice. A nosotros los franciscanos nos están ofreciendo un terreno en la orilla del lago, pero no nos interesa. Tenemos otras prioridades.

—*E'vero?* —pregunté sorprendido en italiano.

—Sí, es cierto. Cae en Magdala, a la orilla del lago, junto a nuestras ruinas. ¿Sabe dónde cae?

»"¿Que si sé donde cae?", pensé yo. Aquello fue un tiro al corazón. No lo podía creer. No sabía si reír o llorar. Si gritar o darle un abrazo al Custodio. Si echar a correr o ponerme a rezar. Porque aquello no podía ser casual. Tenía que ser causal. Y este era un indicio de que la causa primera de este proyecto es la voluntad de Dios. ¿Sabe usted cuantos sitios diferentes hay en torno al Mar de Galilea? ¡Estamos hablando de un lago con 53 kilómetros de perímetro! En tiempos de Jesús, estaba repleto de pequeñas poblaciones dedicadas al comercio del pescado y a la industria de su conservación y exportación. Cuando oí lo que el Custodio me estaba diciendo, estuve

---

[3] Michel Sabbah, nacido en Nazaret en 1933, fue el Patriarca Latino de Jerusalén desde 1987 hasta 1998.

[4] Pierbattista Pizzaballa, (Cologno al Serio, Bérgamo. 1965) hermano franciscano nombrado Custodio de Tierra Santa en 2004, lo que equivale a ser el Superior en la provincia religiosa *sui generis* de la orden en Israel, Jordania, Siria, Líbano, Chipre y Egipto.

a punto de caerme hacia atrás. Como les digo, fue un disparo. Una confirmación de que aquello era un plan de Dios.

»Quiero aprovechar aquí para agradecer en la persona del Custodio de Tierra Santa por su ayuda inestimable en todos estos años, y también a la Orden Franciscana por su labor en todos estos siglos. Si hoy los cristianos de todas las confesiones podemos visitar los Santos Lugares, es porque durante cientos de años, y en tiempos mucho más convulsos, los franciscanos han dado su vida por conservarlos. Han pasado guerras, revoluciones, persecuciones, epidemias, plagas y todo tipo de circunstancias que lo que recomendaban humanamente era una huída. Sin embargo, ellos no se fueron. Ellos se quedaron, y conservaron para nosotros los Santos Lugares de Tierra Santa pagando por ellos incluso el precio de su sangre. Ellos son nuestros hermanos mayores, nuestro padres, aquí en Tierra Santa.

»Después de mi encuentro con el Custodio Franciscano, no pegué ojo esa noche en Jerusalén. Al día siguiente tenía un acto en la casa que en Galilea tiene el Camino Neocatecumenal. Creo que ese día inauguraron la biblioteca, pero no recuerdo bien. Por la noche me hospedé en la misma casa en la que me había quedado meses atrás, a la orilla del lago. Me acompañaban Yousef Barakat, que es el gerente de Notre Dame Jerusalem, y el padre Rafael Moreno, un hermano Legionario. Hicimos noche allí. Fue una noche que yo creo haber pasado más en vela que dormido, así que les hice madrugar para ir a visitar el terreno que estaba en venta. Cual fue mi sorpresa que la finca ofertada no era otra que la del hotel que tanto me horrorizó a mi llegada, el Hawai Beach.

»Entramos allí a ver un poco aquello. Yo no quería mostrar interés por comprar nada, sino más bien por la posibilidad de llevar allí peregrinos. Sin embargo, a la señora que nos atendió le faltó tiempo para ofrecérnoslo. El hotel era propiedad de una familia judía de origen iraní, pero los hijos tenían otros negocios y querían deshacerse de él. La zona era bonita, con huertas de los habitantes de Migdal que le daban a aquello cierta vida. Y sobre todo, salía directamente al Mar. La señora nos llevó a la orilla. Tenían preparada una playita y a mí me entusiasmó, porque hacía la forma de una pequeña bahía que se adentraba en los terrenos del hotel. Aunque estaba sucia y descuidada, aquella pequeña playa era sin duda el lugar ideal para esa barca que yo llevaba tiempo soñando, desde la que predicar, a la orilla del mar, como lo había hecho Jesús en su tiempo, a los peregrinos que, llegados de todo el mundo, nosotros podíamos acoger allí. Aunque todo era perfecto, yo le dije a la señora que no estaba interesado en comprar nada.

»La mujer nos dejó allí paseando y yo me quedé rezando en silencio. La vista de ese lago, sabiendo lo que sucedió allí, es un ámbito de oración que no necesita mucha parafernalia. De modo que sumido en mi oración, y como buen hombre de poca fe, le pedí al Señor que me diese alguna señal, que me hablase, que me animase de alguna manera a dar el paso de emprender la compra de ese terreno y no de otro. Ahora que lo pienso, ya tenía indicios más que sobrados, pero los hombres somos así y yo, en ocasiones, también dudo. Como Pedro en ese lago, también me hundo.

»De modo que estaba yo en oración, diciendo: "Señor, dame a entender si esta es tu voluntad o un capricho mío. ¿Cómo saberlo? Dime, háblame…". De pronto, en medio de ese momento de alegría y asombro que estaba viviendo, de cercanía con el Señor a la orilla del lago, en un terreno en el que debió estar la antigua Magdala y que me ofrecían en venta, tuve un ataque de realismo y me dije: "Juan, ¿cómo vas a hacer tú esto? ¿Cómo me voy a meter en este berenjenal? Se necesitan millones de dólares y yo no tengo ni idea de cómo conseguirlos, ni dónde pedirlos ni a quien, ni qué hacer con ese dinero si me lo dan". Entonces, en ese brote de realismo, se me vino otra idea a la cabeza que por loca que parezca, es verdad: "La Providencia. Dios lo hará. ¿Quien ha pagado en toda nuestra Historia de la Iglesia las catedrales, los seminarios, los hospitales, capillas, iglesias y universidades, en todo el mundo y en cualquier lugar?". La respuesta es clara. La Providencia de Dios, que mueve a la generosidad el corazón de sus fieles. Da igual en el siglo V que en el siglo XXI. Dios no cambia de planes ni de manera de obrar. De modo que igual que me asaltó un brote de realismo, me asaltó otro de fe en lo que iba a suceder. Esto no significa que fuese fácil. Significa que sería posible. No significa que no me llevaría sinsabores y que me tendría que esforzar. Significa que, a pesar de los problemas, Dios lo sacaría adelante. Eso es la fe. Así que se me clavó en la cabeza una idea que aún hoy sigue ahí clavada: "No te preocupes. El dinero no es el problema". Me ayudó mucho esta reflexión y me alivió. Yo estaba agobiado por el cómo y la respuesta de Dios fue clara: No era asunto mío, sino de Dios.

»Cuando viví en el norte de Italia, conocí la Comunidad Cenáculo, un lugar en el que miles de jóvenes se han curado de la droga y otras adicciones a través del trabajo y la oración como método. Oí que su fundadora, sor Elvira Petrozzi, dejaba un rosario en aquellos terrenos que le gustaban para fundar sus casas. Hoy son más de setenta comunidades en todo el mundo. De modo que saliendo del Hawai Beach paré el coche un poco apartado y me bajé como haciéndome el despistado. Miré a un lado y a otro para asegurarme de que no me veía nadie y lancé allí mi rosario, encomendando a la Virgen María ese proyecto que todavía no sabía ni cómo ni por dónde podía salir.

»De allí marché con mis dos acompañantes a Nazaret, que dista unos treinta kilómetros de Magdala. Quería celebrar Misa en la Casa de la Virgen María, para pedirle a ella y a san José por nuestro proyecto. Al fin y al cabo, a san José hay que pedirle por estas cosas, pues él tuvo que ocuparse de encontrar también donde instalarse con la Virgen María y con Jesús en Belén, en Egipto y, de vuelta, en Nazaret.

»Yendo hacia Nazaret, estábamos entrando en Caná, la ciudad en la que Jesús hizo su primer milagro, cuando sonó el teléfono y vi que era el número de la centralita de Notre Dame Jerusalem. Era temprano y conecté el manos libres, pues pensé que siendo tan pronto, debía ser algo importante. Entonces pasó algo raro. Lo primero fue que directamente me pasaron con una señora, cuando lo normal es que el recepcionista me pregunte primero si me pasa la llamada o no, y no me sentó bien. Lo segundo sí me sentó mejor. Al otro lado de la línea estaba una señora que llamaba desde Madrid. Una querida amiga con la que tenía amistad, aunque no mucho trato. Se trataba de Malena. Su hermana, que vivía en México, había sido madrina de mi vocación, y cuando vi que era

Malena, por no se qué motivo, pensé que a su hermana le había pasado algo. Le pregunté y me dijo que no pasaba nada, que sólo me llamaba para felicitarme la Pascua.

»Fue realmente extraño por varias razones. Primero, porque como les he dicho era muy temprano, y en España una hora menos que en Israel. Segundo, porque como he dicho no pasaron por ningún filtro la llamada. Tercero, porque no era costumbre de Malena llamarme para nada, mucho menos para felicitarme la Pascua. De hecho, en veinte años, tan solo habíamos hablado una vez, cuando yo estaba en New York. De modo que no sin sorpresa, pero muy agradecido, le di las gracias y le devolví la felicitación. No dejaba de ser un detalle que me hiciera esa llamada desde España. Aproveché para ponerle al día y le conté que estaba en Tierra Santa. Justo cuando le contaba esto, estaba entrando en Nazaret, y se lo dije:

—Malena, estoy ahorita mismo entrando en Nazaret. Voy a ofrecer una Misa por un proyecto al que le quiero poner patas, pero tengo que comprar un terreno aquí, en Galilea.

—¡Padre! ¡Qué me dice! Eso es una maravilla, ¡con las ganas que tengo de ir allá! Le digo una cosa, padre Juan. ¡Cuente conmigo para ese asunto suyo! ¡Yo le ayudo!

»Ignoro por qué razón esta mujer estaba entusiasmada con la idea. Ignoro también por qué me llamó justo ese día, justo en ese momento, cuando no me llamaba nunca. Ignoro por qué el telefonista no me preguntó. No sé nada de nada, salvo que yo acababa de pedirle a Dios una señal. No hacía ni media hora que yo se la pedí a Dios y esta buena amiga a la que no veía desde hacía años, una señora bien relacionada y con iniciativa, me llamó por teléfono y me dio una respuesta contundente. Le agradecí mucho y quedé con ella para hablar y concretar esa ayuda. Al colgar el teléfono, en la puerta de la Casa de la Virgen, en Nazaret, le dije a Yousef Barakat una cosa: "Amigo, acuérdate de esta llamada", y aún se acuerda. Alguna vez lo hemos recordado.

»Al llegar a Notre Dame nos esperaba un triste noticia. Juan Pablo II estaba agonizando. Yo creo que fue ese día, en ese momento de la llamada de Malena, cuando se puso en marcha este proyecto. Era el 31 de marzo de 2005. El Papa falleció dos días después y, obviamente, le encomendamos a él esta bendita locura que, en manos de Dios, es más una cordura. La cordura que hoy se conoce como Magdala.

Capítulo 06
LA SEDE VACANTE Y EL ANZUELO DE DIOS

Durante mis días en Jerusalén estuve con el padre Juan no solo los ratos de entrevista. También pudimos comer juntos o cenar varias veces, teniendo entonces la oportunidad de compartir sobremesa con numerosas personas que vivían en Jerusalén o que peregrinaban allí con frecuencia. Todas ellas interesantes; todas ella con algo que aportar a mi historia y a mi trabajo.

Las tardes en Jerusalén las trataba de pasar primero dando un paseo, visitando algún de los Santos Lugares, rezando y meditando por mis asuntos y por cómo afrontar este trabajo una vez de vuelta a casa.

En estos paseos, intentaba siempre pasar aunque fuera unos minutos por el Santo Sepulcro, empapándome tanto como pude de la mezcla de diferentes sensibilidades cristianas, occidentales y orientales, que allí se hacen presentes, venerando la tumba vacía de nuestro Señor.

No era de extrañar que, al regresar a Notre Dame para cenar, encontrase al padre Juan contando a algún grupo de peregrinos la historia de Magdala. Recuerdo las caras de un grupo venido de México. Escuchaban la historia que les contaba el padre Juan como si no les importara que pasara así la noche entera. La habilidad de este sacerdote para contar esta aventura de Magdala les hacía vibrar con ella, hasta el punto de que antes de que se dieran cuenta, de una u otra manera querían formar parte de ella no como meros espectadores de un bonito cuento, sino como protagonistas de una historia que parecía haber comenzado dos mil años atrás y que, en medio de sus vidas, les había alcanzado a ellos.

Así pasaba con el padre Juan Solana y todo aquel al que tantas y tantas veces contara esta historia. Muy pocos se escapaban de su interés. En todos estos años, el padre Juan había desarrollado sin querer varias versiones diferentes para aplicar según las circunstancias. Por ejemplo, la versión microrelato, en la que en menos de cien palabras explicaba todo esto con el acierto de un cirujano que ha de operar de urgencia el corazón abierto de aquel al que no le queda mucho tiempo. Tenía también la versión radio, en la que, a modo de entrevista, él iba soltando lo que quería sin importarle demasiado que las preguntas que le hicieran tuvieran relación alguna con sus respuestas. Él colocaba lo que quería. También manejaba la versión peregrinos, metiendo a los visitantes de Tierra Santa en el Evangelio como aparecen en él todas aquellas multitudes que, sin nombre ni retrato, fueron testigos anónimos y beneficiados directos de las obras del Señor.

Pero de todas estas maneras tan diferentes de contar la misma historia, con la que más disfrutaba el padre Juan era con esta que compartía conmigo. Disponiendo de todo el tiempo necesario para no ahorrarle ni un solo detalle a la gloria de Dios, autor como bien el padre sabe, de esta aventura de la que aún no había contado más que la introducción.

Empezamos otra mañana de noviembre retomando la historia allí por donde la habíamos dejado el día anterior, ante la decisión de comprar los terrenos del Hawai Beach:

—Enseguida puse en marcha a nuestro equipo de abogados. Les dije que ese terreno estaba en venta y que iniciasen los movimientos oportunos para ejecutar una compra. Yo, por mi parte, tomé fotos del terreno por todos lados y pedí una cita en Roma con mis superiores. Hubo que esperar a que terminasen los actos del funeral por Juan Pablo II. Finalmente, me encontraron un hueco en plena Sede Vacante[1], antes del cónclave del que saliera elegido Benedicto XVI. Me dieron cita para el sábado 16 de abril de ese 2005, día que me reuní con el Superior General, con el Vicario General y con el Administrador General de la Legión. Les enseñé un puñado de fotos que estaban hechas con más buena voluntad que calidad y les hice una presentación que fue una locura. Yo no sé ni cómo me atreví. No tenía preparado nada, ni bocetos, ni proyecto, ni presupuestos, ni nada. Solo tenía una bonita idea y un terreno que comprar. Pero aún así, lo más increíble de todo es que una vez que les conté lo que por mi cabeza pasaba, ellos me dieron su bendición y me dejaron tirar hacia adelante. Esto para mí fue muy importante, porque una vez que yo tengo la bendición de mis superiores, se hayan enterado o no de nada, en

---

[1] Sede Vacante es el periodo particular que se da cuando una diócesis se queda sin obispo. En un ámbito más universal, se refiere a la transición que se da entre un Papa y su sucesor.

lo que se refiere a mi dedicación y mi conciencia, lo que hacen es convertirlo en la voluntad de Dios para mi vida.

»Volví a Jerusalén la madrugada del 19 de abril. Por la tarde, en un primer evento para presentarnos a las agencias locales de viajes, de pronto, alguien entró corriendo en la sala para avisarnos de que ya se había elegido un nuevo Papa. Yo pensé que se había equivocado, pues el cónclave se había iniciado la tarde anterior. Pero, efectivamente, la elección de Benedicto XVI dio por finalizada nuestra reunión. Todos estos recuerdos me son muy vivos, pues en ese caldo de cultivo tan intenso fue como se puso en marcha un proyecto que ha entrado ya en sus etapas finales. Un proyecto que, mirándolo con la perspectiva del tiempo y de los frutos que está ya dando, no puedo decir otra cosa que ha sido gracias a la concatenación de un montón de pequeños milagritos, y también de algún que otro milagrazo.

»El 25 de abril estuvo conmigo en Jerusalén un amigo italiano, Daniele. Fui con él a Magdala y subimos al Monte Arbel caminando. Saqué ese día algunas fotos muy bonitas. Alguna de ellas la usé para el primer folleto del proyecto de Magdala. Desde allí arriba, yo veía el lago y veía el Hawai Beach y empezaba a soñar como un loco. Me entró una sensación de urgencia. Un ansia para mí inexplicable. La sensación de que tenemos que hacer esto y tenemos que hacerlo ya. No podíamos perder ese terreno. Era un lugar santo, un lugar evangélico. No podíamos dejar que cayese en manos ajenas. Ahí me di cuenta de la importancia, una importancia que trascendería mi vida. Aquello era mucho más importante que el padre Juan y sus ideas. Si comprábamos aquel terreno quedaría por los siglos en manos de la Iglesia. Ese día, allí arriba, tomé la firme determinación de poner toda la carne en el asador. No sabía si lo lograríamos o no, pero sí que me comprometí a que si no lo lográbamos, no sería por culpa mía».

»Viví en esos meses a partir de abril de 2005, que puse en marcha a los abogados con el tema de la compra, con ansia, con esa inquietud tan grande, con un desasosiego inexplicable. Estaba extraordinariamente motivado a mover el asunto, a contarlo, a explicarlo. A estar involucrado en el Proyecto Magdala... sin que existiese ningún proyecto.

»En ese tiempo ocurrió otra cosa providencial. Era el mes de febrero de 2005 cuando tuvimos la primera peregrinación organizada por nosotros, los Legionarios. Había venido en diciembre del año anterior una señora de España llamada Ana, con la cual trabajamos muchísimo, pero en febrero vino la primera peregrinación que organizábamos nosotros. En marzo tuvimos otra y en abril me llamó esta señora desde Madrid y me dijo:

—Padre, va a ir a Notre Dame una peregrinación especial. Una familia de Madrid me ha pedido que les acompañe a Tierra Santa, y me gustaría que usted personalmente nos recibiese en Notre Dame y se ocupase de nosotros.

»Le dije entonces a Ana que ayudaría a esta familia muy gustosamente por deferencia con ella, etc, etc.

»De modo que llegado el día fui al aeropuerto de Ben gurion, en Tel Aviv, a recoger a esta familia. Les recibí, les acompañé al autobús y me presenté. Les di las primeras indicaciones ya rumbo a Galilea y comenzamos la que fue la primera peregrinación de grupo que yo guié en persona. Los dejé en el hotel Gallei Kinnereth ya bien tarde y cenamos a toda prisa. Al día siguiente madrugábamos, como siempre en Tierra Santa. Antes de despedirme, ubiqué al que era el cabeza de familia. Con ánimo de ser simpático, me acerqué a él y le pregunté:

—¿Así que usted es el jefe?

—Sí, soy el jefe —respondió él jocosamente.

»La mañana siguiente, al pasar por delante del Hawai Beach de camino a Cafarnaum, no me resistí, me acerqué "al jefe", un caballero muy educado llamado Eduardo, y le dije:

—¿Ve ese terreno?

—Sí, claro.

—Luego le hablo de él y de un proyecto que tengo en la cabeza.

»Expliqué cuando pude a Eduardo de mi proyecto, que escuchó con atención y que trasladó a su familia. Un par de días después, el día que fuimos a visitar Belén, al salir de la Gruta de la Natividad, me llamó Eduardo a un apartado y me dijo que me ayudaría con el proyecto. Así fue como recibí el primer donativo para Magdala.

»Con la perspectiva del tiempo, tengo que decir que para mí Eduardo ha sido lo que yo llamo "el anzuelo de Dios". Al que yo me enganché para seguir con el proyecto cuando, por los motivos que fuera, me dejaba de apetecer o me veía superado por la flaqueza. Una vez que él me ofreció su ayuda, yo ya no podía echarme atrás, y ganas no me faltaron en numerosas ocasiones por aquella época. Pero encontrar a alguien que creyese en el proyecto, que me animase y que me apoyase, fue fundamental.

Capítulo 07
LLEVANDO MAGDALA POR EL MUNDO.
PRIMEROS VIAJES

—Cuando nosotros llegamos a Tierra Santa, no había muchos peregrinos por allí. Notre Dame estaba vacío y yo no sabía cómo íbamos a traer a nadie, ni cómo íbamos a pagar el salario del personal de Notre Dame. No se trataba de reflotar un hotel en Italia o en España. Se trataba de llevar gente a un país en conflicto.

»Resulta que el final de la Segunda Intifada coincidió con la muerte de Juan Pablo II, en la primavera de 2005, y ya ese verano se notó un incremento enorme en el volumen de peregrinos. No sé si fue una casualidad o si no, pero el hecho es que la curva ha sido desde entonces ascendente y no para de subir. Salvo en el verano de 2006, que hubo un paréntesis por la guerra con Líbano, cada mes vienen más peregrinos a Tierra Santa. Se le está perdiendo el miedo que existía antes. No hace mucho tiempo, la peregrinación a Tierra Santa ni si quiera se contemplaba entre las familias cristianas de Occidente. Para empezar, porque no había tantas facilidades, no había tantos vuelos, y se veía el venir aquí como un viaje exótico, como una aventura con riesgos. Además, la infraestructura de Israel no estaba preparada con el nivel de exigencia de un peregrino que viene de Europa o Estados Unidos. Este Estado tiene sólo sesenta años de vida y se ha construido en este tiempo. Pero ya sí que ofrece todas las facilidades e infraestructuras y, salvo que pase algo de dimensiones catastróficas, no resulta más peligroso viajar aquí que a otros muchos lugares del mundo a los que la gente va sin mayor problema.

»Aquella primavera de 2005 coincidió entonces el final de la Intifada con la muerte de Juan Pablo II. A partir de ahí empezaron a llegar peregrinos y no hubo ni uno solo que pisara Notre Dame al que yo no tratara de contarle el proyecto de Magdala. Me hice una presentación muy básica en Power Point y la enseñaba en el hotel, y siempre que tenía tiempo, acompañaba personalmente a los peregrinos hasta Magdala durante su estancia en Galilea.

»Empecé un aprendizaje sobre un asunto del que no tenía ni idea, que es la recaudación de fondos. Empecé a atar puntos importantes y a hacer contactos que me ofrecían los propios peregrinos. Aprendí que hay mucha gente en el mundo dispuesta a ayudar. Solo tienes que contactar con ellos.

»Por esas fechas, por ejemplo, conocí a los cofundadores de Canción Nueva, una comunidad carismática fundada en Brasil por un sacerdote libanés, el padre Jonás Abib. Me motivaron mucho y me ofrecieron su canal de televisión para dar a conocer el proyecto allí, en Brasil.

»Hablé con monseñor Ovidio Poletto[1], un obispo que me ofreció su apoyo y el de la diócesis de Concordia-Pordenone, en Italia, de donde ya es obispo emérito. Hablé también con una señora francesa que trabajaba en una institución benéfica de la Iglesia con mucho nombre. Venía con un chico joven inglés. Me dijeron que me ayudarían, pero no lo hicieron nunca como institución, aunque ella sí lo hizo, a título personal, dándome muy buenos contactos. En definitiva, empecé a conocer un mundillo que tiene su propia vida. De pronto conoces a alguien con mucho nombre, que puede darte mucho y no te da nada, y de pronto viene un donativo grande de alguien muy pequeño, de quien menos lo esperabas.

—Padre, disculpe que lo interrumpa. Pero siempre me ha llamado la atención la facilidad que tienen los sacerdotes para pedir dinero.

La pregunta que le hice al padre Juan no le resultaba nueva. Menos aún en los últimos años. Tener que enfrentarse a ella le servía para volver a los orígenes, a la esencia, a la generosidad de la gente. Al deseo de las personas de que las obras de Dios permanezcan incluso más allá de sus propias vidas. El padre reflexionaba sobre ello con gusto cuando, estando aún en silencio, pregunté de nuevo:

—¿Cómo sabe usted que todo esto lo quiere Dios, y no es fruto de su imaginación o de su ego?

Sin borrar una simpática, incluso socarrona sonrisa de su cara, el padre Juan me respondió:

»Si seguí con este proyecto adelante sin tirar la toalla ni avergonzarme, fue por los signos providenciales, im-

---

[1] Monseñor Ovidio Poletto (Italia, 1935), obispo de Concordia-Pordenone desde 2000 hasta 2011.

presionantes, que lo han acompañado cada día. El Señor no me ha ahorrado dificultades ni situaciones complicadas, ni humillaciones, pero tampoco me ha ahorrado bendiciones y sorpresas inesperadas, verdaderas alegrías, imposibles de entender sin la humildad de saberse llevado por la mano de Dios, sin creerte que si esto sale adelante no es por tus narices.

»En más ocasiones ha habido gente que me ha preguntado si esto no ha sido un capricho mío y no una vocación. Con este proyecto he aprendido a discernir muy bien la diferencia, porque yo mismo he tenido mis dudas, y le digo que ya no me queda ninguna. Dios quiere esto. No hace falta que Dios me de dos tortazos para que me de cuenta de que Dios está por la labor de que esto vaya saliendo adelante, de que vayamos descubriendo cada día una cosa más, y de que el proyecto tome la forma que está tomando. Empezando por aquella llamada de Malena con la que digo que empieza el Proyecto. ¿Sabe que tuvo una segunda parte?

—¿La llamada de teléfono?

—Sí. Verá. A principios de verano de 2005, recibí el aviso de un padre Legionario de que venían a Tierra Santa en peregrinación una familia cercana que tal vez podría ayudarme. Eran grandes y buenos benefactores de la Legión. Se trataba de Alberto Segovia, a quien yo no había oído nombrar en mi vida. Una familia mexicana muy a la antigüita, que partió de cero y que ahora son muy ricos. Un matrimonio muy trabajador y muy religioso. Cumplían en aquella peregrinación cuarenta años de casados. Le recibí a él y a su familia en Tiberiades, el 6 de junio de 2005. Venía con su esposa y sus siete hijos, todos ellos casados menos la menor. A estos nos les gustaba nada la idea de celebrar el aniversario en Tierra Santa, pero luego se fueron todos encantados.

»Fui con ellos a Caná de Galilea y todos los casados renovaron sus votos matrimoniales en una ceremonia preciosa. Saliendo de allí, en dirección a Nazaret, sin ninguna intención de nada particular, les conté la anécdota de la llamada de Malena, apenas unas semanas antes. Les conté que ese día acababa de ver un terreno, que no sabía si comprarlo o no, que le pedí una señal a Dios y que llegando a Nazaret, por donde íbamos en ese mismo momento, recibí la llamada de Malena y me dijo que me ayudaba. Fue terminar de contarles, mientras ellos comentaban la maravilla que hizo el Señor, cuando me sonó el teléfono. Contesté y era la mujer francesa de aquella institución benéfica de la Iglesia. Me llamaba para decirme que un señor francés, con muchas posibilidades, estaba muy interesado en el proyecto y que me iba a llamar para concretar su ayuda, que estuviera atento al teléfono.

—No me van a creer —dije a la familia—, pero según les estaba contando la anécdota de Malena, me han llamado para esto.

«Ellos alucinaban. Yo también, pero he de reconocer que con las cosas que han pasado, ya alucino menos. Finalmente, la peregrinación del señor Segovia y su familia fue sensacional. Dios bendijo a todos con muchas gracias personales, y el jefe de la familia me comentó que tal vez me podrían ayudar.

»El matrimonio volvió en 2009, y me pidieron si podían pasar la noche entera en el Santo Sepulcro. Así lo hicimos y el señor Segovia me dijo después que había sido una de las noches más intensas de su vida. Sin duda, están entre los tres más grandes benefactores del Proyecto Magdala.

»Hubo otra idea importante en aquellas fechas de aprendizaje y puesta en marcha de un montón de cosas necesarias, pero que yo ignoraba por aquel entonces. Me di cuenta de que en tiempos de la Nueva Evangelización, en tiempos en que hay que evangelizar a los que se suponía ya evangelizados, Tierra Santa tiene ya un papel fundamental, porque muchos hombres y mujeres del siglo XXI que buscan a Cristo, son gente que ha viajado o ha podido viajar a cualquier parte del mundo que se proponga. Por tanto, el hombre del siglo XXI que viaja a Tierra Santa, el peregrino de hoy que visita Israel, no viene buscando lugares interesantes ni museos bonitos. Eso ya lo puede hacer yendo a otro lugar. Los que vienen aquí de una u otra manera, vienen buscando a Cristo. Por tanto, nosotros, como anfitriones que somos en la Tierra de Dios, debemos facilitarles ese encuentro personal entre el peregrino y Cristo. Tenemos la responsabilidad no solo de facilitarles una cama, comida y un bonito día de excursión. Tenemos la responsabilidad de llevarles de la mano hasta aquello que vienen buscando, que es al Señor.

»Esta idea ya apareció en mi cabeza antes de comprar el terreno, en 2005. Mi idea se basaba en construir un punto de encuentro, un lugar de quietud y descanso en el que el peregrino pueda vivir, ver y conocer al Señor. Esto no lo hace solo una bonita iglesia y un confortable hotel. Esto hay que revestirlo de corazones humanos que han vivido ese encuentro y que lo pueden testificar.

»Ahora recuerdo como ya en julio de 2005 vino una peregrinación de mi familia, de unas veinte personas.

Comí con ellos en el restaurante Tanoureem y saliendo de allí los llevé a ver el Hawai Beach. ¡Dios mío, qué locura! Les dije, no sé por qué, que ese terreno lo íbamos a comprar para atender a los peregrinos. Yo sabía desde unas fechas antes que aquello estaba en venta, y sin tener ninguna garantía de poder hacerlo, estaba seguro de que lo compraríamos. Por eso les quise llevar a verlo.

»Cuando hoy la gente me pregunta cómo lo sabía yo, les digo que no lo sé. Lo que yo sé es que, sin tener la menor expectativa, les dije aquello porque tenía la seguridad, el convencimiento. Son cosas que surgen en la oración. No se trata de oír voces ni de nada así. Se trata de certezas que tú mismo te discutes pero que el Señor asienta en ti. Si no es por una gracia de Dios, ¿cómo me explica usted que yo supiera que ese terreno acabaría en mis manos?

»En julio de 2005 emprendí mi primer viaje de recaudación. Y con él, una aventura inimaginable, que me llevaría a ser empresario, constructor, ingeniero, artista, arqueólogo y descubridor. Todo siendo un sacerdote y sin dejar de serlo. La aventura empezó pronto, enseguida. Resulta que cada verano se celebraban unos encuentros muy activos de Juventud y Familia en Estados Unidos, organizado por el movimiento Regnum Christi. Iba a salir el día 21 de julio rumbo a San José, cuando me enteré de que mi pasaporte vaticano no vale para entrar en Estados Unidos. Ahí empezó la aventura. Gracias a una amistad en el consulado, logré una visa con el tiempo justo para ir al aeropuerto y no perder mi billete.

»En vísperas del viaje, conocí en Notre Dame a monseñor Curtis John Guillory, obispo de Beaumont, Texas.

Estaba de peregrinación y su grupo se hospedaba en otro lugar, no en Notre Dame. El asunto fue que en el momento que le saludé, le pude contar una versión muy corta de mi proyecto. Me aconsejó con mucho énfasis hablar con el cardenal McCarrick[2], arzobispo de Washington en aquel tiempo, pero nos despedimos sin darnos ningún dato ni contacto. Le perdí de vista y lamenté no poder localizarle de nuevo para que me orientase. Me disgusté, porque no se pueden perder oportunidades así. Sin embargo, la Providencia saldría de nuevo en mi ayuda de forma manifiesta.

»Una vez llegada la fecha de mi marcha y teniendo en cuenta que iba a estar viajando todo el día siguiente, celebré Misa a la una de la noche, antes de salir, y resulta que ese día se celebraba la Misa de María Magdalena. Me hizo gracia. Era el 22 de julio de ese 2005.

«Llegué al aeropuerto y facturé mi equipaje. Acto seguido busqué por la zona de embarque un asiento un poco apartado en el que sentarme a gusto, y cual fue mi sorpresa cuando, girando tras una esquina, allí estaba sentado frente a mí, como esperándome, monseñor Guillory, obispo de Beaumont. "¡Recórcholis!", pensé nada más verlo. Me puse ante él, le extendí mi mano y le dije como si tal cosa:

—Monseñor, le estaba buscando. ¿Me puede dar el contacto del cardenal McCarrick, por favor?

»Tras algunas peripecias estuve en el encuentro de California y aunque los frutos no se tradujeron en muchos

---

[2] Cardenal Theodore Edgar McCarrick (New York, 1930). Arzobispo de Washington desde 2000 hasta 2006, y Arzobispo emérito de Washington desde 2006.

donativos, salí contento de la experiencia porque el testimonio de lo que estaba empezando a suceder en Magdala se empezó a propagar. También porque comencé un aprendizaje. Tengan en cuenta que esa era la primera vez que yo viajaba para una cosa así. Yo era formador de novicios, no hombre de negocios. No tenía ninguna agenda preparada, ni los automatismos de los expertos a la hora de afrontar una reunión o una presentación. Yo iba a salto de mata contando mi historieta sobre Magdala. Como no sabía qué ni cómo iba a hacer, me compré cheques de viajero y me empecé a moverme hacia donde oía campanas, sin mucho sentido. Así, de San José viajé a Sacramento, California. Allí no conocía a nadie pero, a través de un contacto, me organizaron una reunión para presentar el proyecto. En Sacramento está el Santuario Nacional Guadalupano de Estados Unidos, y pensé: "Aquí son marianos", y para allá que me marché.

»En Los Ángeles me hospedé en la casa de un matrimonio bastante joven. Esos días di una charla en la sede de una emisora de radio llamada Hombre Nuevo. Hubo gente que me dio algún donativo. Cien dólares, doscientos… Eran todos inmigrantes mexicanos que habían hecho su vida en Estados Unidos. Gente a la que no le sobraba el dinero, pero que tampoco pasarían dificultades por un donativo así. La cosa es que al fondo de la sala había una señora mayor, viejita y coja de una pierna, que se me acercó cuando todo el mundo se había marchado y me dio un rollito de billetes, algo muy típico mexicano. Al llegar a casa, vi que esa señora me había dado setecientos dólares. Una mujer que era una sirvienta en alguna casa, que muy probablemente ganase menos de esos setecientos dólares al mes.

»Me pasó lo mismo no hace mucho tiempo en Dallas. Fui a una mansión a contarles el proyecto a un grupo selecto de personas con posibilidades. Acabé y cuando ya me iba a casa, se me acercó una chica del servicio de la casa. Resulta que había oído todo, escondida tras la puerta, y cuando pudo, me dio cien dólares sin que nadie la viera. ¡Bendito sea Dios! Gente como ella me han hecho llorar de alegría y de emoción. ¡Cuanto amor por las cosas de Dios me demuestran!

»Quede bien claro que cuando refiero estas anécdotas, no quiero hacer un juicio. Yo no se realmente las circunstancias ni los momentos de cada hombre y mujer, pero sí quiero dejar patente cómo, en ocasiones, Dios toca el corazón de ciertas personas que bien podrían haberse ido a casa sin haberme dado nada, pues no tenían ni necesidad ni facilidades, y así, con poquitos de unos y de otros, y con la oración de gente que ni conozco, esta historia ha ido tomando forma.

»Le cuento todo esto para decirle que podría ser muy bonito que viniese un hombre rico y me diese cincuenta millones de dólares. Así acabo con este tema en un momento y me ocupo de otra cosa. Conozco gente con ese nivel adquisitivo y no les sería complicado. Pero yo prefiero que antes que esto sea un asunto de entre dos, sea de cuantas más personas mejor. Me hace mucha ilusión que un día, esa gente puedan coger un Evangelio y leer con sus hijos o sus nietos un pasaje que se diese en el Mar de Galilea. Detenerse entonces y decirles: "Miren. Allí, en Tierra Santa, a la orilla del Mar de Galilea, hay una iglesia. Una casa de Dios de la que uno de sus ladrillos, es mío. Mi ladrillo. Lo puse yo". Eso me hace una ilusión enorme y además, me impresiona. El Proyecto Magdala no es de gente rica, sino de gente pobre. Más bien, de gente sencilla, humilde y generosa. De gente que me ha dado de lo que no les sobra, o de gente que me ha dado sin esperar nada a cambio.

»Total, que me marché de California con los setecientos dólares de esta sirvienta y ganando en experiencia, confianza y seguridad. Con un aprendizaje que no se puede medir ni pesar, que es mediante el cual el Señor me iba llevando, mediante el que paso a paso me iba mostrando que el camino era ese, aunque en ocasiones no lo pareciese.

»De California me marché a Wyoming, en el centro de Estados Unidos. Fui invitado por otro padre Legionario que quería presentarme a un grupo de empresarios. En aquel trayecto me pasó algo curioso. Cuando estaba esperando mi embarque en el aeropuerto de Los Angeles, oí mi nombre varias veces por megafonía, pero hablaban en inglés y yo no entendí nada. "Si es algo importante, ya me encontrarán", pensé, y seguí como si nada. En el aeropuerto de Jackson Hole, Wyoming, fui a la sala de recogida de equipajes y ya de lejos vi como se acercaba por la cinta transportadora un montón de trapos que parecían mi maleta. Efectivamente, lo era. O al menos lo había sido hasta que algún policía de Los Angeles sospechó de su interior y, al no poder abrirla por el método civilizado, decidió hacerlo a su manera. Me dejaron una linda nota de cortesía en la que ponía: "Por su seguridad, tuvimos que abrir su equipaje".

»De Wyoming viajé a Washington DC, a visitar al cardenal McCarrick, y desde allí marché a San Antonio, Texas, invitado por unos americanos que habían estado de peregrinación en Notre Dame unos meses atrás. Allí tuve que dar uno de esos saltos de fe que de vez en cuando te pide el Señor. Estos amigos me invitaron a una cadena de televisión diocesana para hacer un programa que incluyera después llamadas y donativos. Todo muy americano, ya sabe. Yendo hacia el estudio recibí una llamada un tanto incómoda. Era uno de los abogados. Llamaba desde Israel y al descolgar me dijo:

—Padre, no le doy ninguna esperanza de comprar el terreno. Está muy complicado. En pocas palabras, no se emocione demasiado con el asunto.

»Yo pensé para mis adentros: "Madre mía. Estoy yendo a un programa de televisión en directo, para vender este proyecto, y el abogado me dice que no hay proyecto". Ahí fue cuando me di cuenta de que sí que lo había. Aunque no lo hubiese sobre el papel, sí que lo había en la voluntad de Dios. Le dije al abogado que me llamase un rato después y me dije a mí mismo con mucha determinación: "O yo estoy muy loco o esto es de Dios. Pero a mí lo que me toca ahora es hablar de Magdala en televisión". No sé si fui convincente o si no, ni recuerdo muy bien lo que dije, pero no fue nada brillante. Sin embargo, hubo una estupenda respuesta de los espectadores en cuanto a llamadas y donativos. Fue un día grande.

»De Texas volé a México. No estuve mucho tiempo allí y no me fue nada bien en cuanto a recaudación de donativos. Bueno, en realidad, en todo ese viaje en el que crucé Estados Unidos no saqué demasiado. Después de visitar California, Wyoming, Maryland y Texas, más la visita a México, cuando llegué a Jerusalén no traía más que un puñado de dólares y una paliza descomunal en el cuerpo. Lo que tenía recaudado no alcanzaba ni al diez por ciento de lo que necesitaba para comprar el terreno. Me faltaba el noventa.

»Eso no era todo. En Jerusalén me esperaba el abogado con noticias poco halagüeñas sobre el Hawai Beach, pero con otra alternativa a cambio. En su búsqueda de las maneras de comprarlo, conoció al dueño de un terreno colindante que se lo ofreció en venta. Este hombre vendía el doble de terreno al mismo precio, una franja de tierra estrecha que iba desde la carretera hasta el Mar. Pero tenía trampa, pues una pequeña parcela dentro de su terreno, pertenecía al Gobierno, y yo no quería compartir con nadie. En fin, que más que ayudarme me llenó de dudas en cuanto a la estrategia de cual de los dos atacar.

»Sin tener aún nada decidido, viajé a Sevilla, en España. Unos peregrinos me habían prometido ayuda y fui a visitarles, aunque a la primera persona que fui a ver fue a mi amiga Malena. Ella me puso en la pista de un hombre increíble. De la persona que sin yo conocer de nada y de una manera asombrosa, me dio las llaves para abrir una puerta tan complicada como era la de este Proyecto de Dios.

Capítulo 08
DON ANTONINO

Pascuala Rodríguez Gutiérrez tenía veinte años cuando se convirtió en madre de seis hijos de la noche a la mañana. El padre de ellos había quedado viudo siendo joven, y encontró en Pascuala a la nueva compañera con la que compartir una vida tan dura como era la que se daba en cualquier pueblecito de España, a principios del siglo XX.

De su nuevo enlace, Pascuala le dio otros siete hijos más a su marido, por lo que entre unos y otros podía decirse de esta casa cristiana que era la más poblada de la aldea. Cerezales del Condado, provincia de León, tenía poco más de doscientos habitantes, para quince de los cuales cocinaba cada día Pascuala.

De los trece vástagos de su padre, fue el undécimo el que recibió en el bautismo el mismo nombre que él, siendo inscrito en el registro civil como Antonino Fernández Rodríguez, nacido en Cerezales del Condado, el 13 de diciembre de 1917.

Entre tanta chiquillería, el joven Antonino nunca destacó por nada, comenzando a tener su vida visos de singularidad cuando, según ha contado él muchos años después, sobrevivió de auténtico milagro a una durísima batalla. Al estallar la Guerra Civil Española, con menos de veinte años tuvo Antonino que dejar su casa y recorrer diferentes partes de una España que se desangraba en un sinsentido, hasta llegar a dar con sus huesos en el terrible destino del Frente de Teruel.

Allí, en tierras aragonesas, Antonino vio morir a muchos de sus compañeros. Los vio morir de hambre, de frío y de fuego enemigo. Él sobrevivió a un sitio tremendo comiendo durante semanas patatas crudas, cuando no congeladas. De una Compañía de novecientos hombres, Antonino fue uno de los siete supervivientes. Tan solo siete, y a él se puede decir que le salvaron los pecados de un oficial infiel a su mujer, del que recibió el encargo de acompañar a una joven amante más allá de las trincheras y ponerla a salvo. Su vida, y no solo la de la muchacha, dependía de cumplir con éxito aquella orden.

Cabalgó Antonino con la muchacha atravesando montes y bosques durante toda una noche, siendo recibidos al amanecer por una lluvia de metralla. El caballo, herido, les llevó casi a rastras un poco más cerca de tierra amiga, sucumbiendo antes de llegar ante el impacto de una granada. Su cuerpo inerte sirvió a los dos fugitivos como parapeto inexpugnable ante una intensa lluvia de fuego enemigo. Les hacía más daño el ruido sordo de las balas impactando sobre el cadáver de aquel caballo, que las que silbaban sobre sus cabezas y se estrellaban contra los arboles de al lado.

En medio de la calma de otra noche más, Antonino se arrastró cuerpo a tierra durante kilómetros, llegando con su protegida a lugar seguro deshidratado, aturdido, agotado y sin un solo rasguño. No así su capa de campaña, que al quitársela llevaba prendidos como treinta y dos medallas otros treinta y dos agujeros de bala.

Antonino, que de tonto nunca tuvo un pelo, supo desde ese momento que estaba en esta vida para cumplir un cometido que le trascendiera a él mismo. Siendo consciente de vivir de prestado, construyó su vida siempre atento a dar respuesta a este regalo que Dios le había dado, cuando Dios le preguntara.

La respuesta no llegó en los sesenta años siguientes de Antonino, y eso que tuvo nuestro héroe de guerra una vida interesante como pocas. Los años le llevaron de su Cerezales natal a México DF, una capital con tres millones de habitantes entonces, para ser el chico de los recados en una empresa de cervezas llamada Modelo.

Antonino empezó en Modelo siendo un humilde almacenero, y fue escalando puestos gracias a dos virtudes destacadas. Una de ellas, su inteligencia. Se daba cuenta de cosas de las que los demás, no se daban, optimizando cada una de las áreas que sus superiores le encargaban. La otra, el amor que tenía por doña Cinia González, su esposa. Aunque no tuvieron hijos, el compromiso que adquirió Antonino con ella, cuando él solo era un policía local en el León de la posguerra española, fue el de sacar adelante una familia en las mejores condiciones posibles. Su carácter e inteligencia, la experiencia que le dio la guerra, el hambre que se pasaba en la España de la época, y el empeño en darle lo mejor a su mujer, le hicieron siempre apostar, ser valiente, lo que unido a un amplio sentido del trabajo, le fue colocando con el tiempo en los puestos de gobierno de la empresa mexicana, hasta ser su presidente.

Sí. Antonino Fernández[1], el quinto hijo de doña Pascuala, se convirtió en el mayor responsable de seis de cada diez cervezas que se bebían en México, luciendo la marca Corona como emblema de la casa.

Millonario y poderoso, no olvidó ni un minuto de su vida la deuda que tenía con Dios, que sin saber por qué, le conservó la vida cuando correspondía la muerte.

Así vivió don Antonino una maravillosa vida hasta que falleció doña Cinia. Habiendo ya pasado la edad de jubilarse, el presidente de Modelo siguió aún al frente de la compañía, y cumplidos los ochenta años, gobernaba aquel monstruo económico con la agilidad de un recién licenciado.

Sin embargo, a la pena de la ausencia de doña Cinia, sobre don Antonino se cernía, al atardecer de su vida, el vacío de no saber para qué había vivido sesenta años de propina. Por qué su destino no se unió al de tantos compañeros fallecidos en la guerra cuando por su capa atravesaron treinta dos impactos de bala y de metralla. Buscaba una respuesta y no la encontraba. No le llegaron a consolar nunca del todo los numerosos y tan generosos donativos que había dado a gente necesitada, a conventos, monjes, colegios y otras obras de la Iglesia. ¿Para qué, Señor, había vivido de regalo tantos años don Antonino? ¿Para hacerse rico? ¿Para embotellar cerveza? ¿Para no haber tenido hijos? En más de sesenta años de búsqueda, nada. La respuesta nunca llegaba.

---

[1] Toda la historia de don Antonino está publicada por Editorial Everest, en la biografía titulada *Un empresario modelo*, firmada por Antonio Madilla.

Enfilaba ya don Antonino los albores del Cielo cuando recibió el regalo que tanto tiempo llevaba buscando. Lo trajo un desconocido. El único hombre que pudo tocar la tecla adecuada en el corazón de don Antonino y darle la respuesta a esta pregunta que durante toda una vida llevaba buscando. Este tipo era un sacerdote mexicano al que no conocía de nada, que llegaba a su despacho desde Tierra Santa, para contarle algo sobre un lugar llamado Magdala. Don Antonino le dio cinco minutos, y a aquel cura le sobraron dos.

Una vez leída la biografía de don Antonino Fernández, pregunto al padre Juan cómo pudo acceder a él, siendo un hombre tan ocupado como es.

—Tengo un método: confío en Dios y su Providencia lo organiza todo.

El padre Juan sonríe con cierto aire de niño travieso. No es una pose. Se lo cree realmente y por más que le insista en que debe haber un sistema más humano y menos místico para ir sacando tantas cosas adelante, él dirige siempre siempre la mirada hacia un Padre que cuida de sus hijos:

—¡Así funciona Dios! Por ejemplo, hay veces que por más que yo me empeñe en conocer a alguien a quien presentar el proyecto, no hay manera. Ahorita mismo estoy detrás de algunas personas de México tras las que llevo años andando y no lo logro. Otras ocasiones, Dios te las pone enfrente sin conocerlas y te ayudan más que nadie. Así me pasó con don Antonino. Yo no le conocía de nada. Había oído hablar de él, pero ni se me pasó jamás por la cabeza pedirle dinero a un cervecero. Sin embargo, en aquella visita a Malena en Madrid, ella me dijo que podía ponerme en contacto con él. Yo lo dejé ahí y me olvidé del tema.

»El 18 de noviembre de ese 2005 regresé a México. Era un segundo viaje de búsqueda de donativos y aproveché una serie de eventos para ello. Por ejemplo, recuerdo que participé en la beatificación de los mártires mexicanos y en un encuentro de Juventud y Familia en el que había mucha gente, en Guadalajara. Me ofrecieron quince minutos para hablar y entonces hablé cinco sobre Tierra Santa, cinco sobre Jerusalén y otros cinco sobre Magdala. Al terminar la asamblea, grité:

—¡Ayúdenme a comprar un metro cuadrado de Tierra Santa!

»Entonces, se levantó un señor con un puñado de billetes en una mano y gritó:

—¡Yo le ayudo, padre!

»Con el arranque de este caballero, se animaron otros y se dio una escena como de película. Sacaron una caja de cartón que había por allí tirada y la fueron pasando mientras cada vez se levantaban más manos. La cantidad que se sacó fue simbólica, pero fue tan bonito que a uno se le ponen los pelos de punta al recordarlo.

»Al regresar a Ciudad de México tenía en casa un aviso de la señora Isabel, hermana de Malena, que decía: "Tiene cita con don Antonino Fernández el 23 de noviembre, a las 10:30 horas. Le va a acompañar el padre John".

»A mí no me gustó que me organizaran la vida, pero bueno. Confirmé la cita y al día siguiente me marché a Puebla a ver a unos señores que me dieron saludos… pero nada más.

»Cuando el día 23 me recogió el padre John, me dijo:

—Padre, le recogí con tiempo porque cuando se va a pedir dinero a alguien, no se puede llegar tarde.

»Me observó de arriba abajo con cierto desdén y añadió:

—Otra cosa más. Usted viene con pasaporte vaticano y sea lo que sea que represente usted en Tierra Santa, que no pretendo saberlo, no merece el cargo un traje tan viejo como con el que viene. ¿No tiene otra cosa que ponerse?

»Pedí perdón bastante sorprendido, porque nunca me había fijado en que mi traje negro estuviera viejo. En fin, llegamos a la cita con bastante tiempo. Entramos en un rascacielos en el que me sentí como en casa. Los controles de seguridad me recordaron a los de Israel, válgame el cielo. Una vez que nos dieron el pase, subimos en un ascensor hasta el piso 18. Nos sentamos a esperar y cuando nos avisaron de que podíamos pasar, el padre John me dijo una última cosa:

—Padre, don Antonino es un hombre muy ocupado. Vaya al grano.

»Eran las 10:50 cuando se abrió la puerta de su despacho y salió en tropel un grupo de cinco personas, con sus trajes y sus portafolios de trabajo. Al entrar allí, vi detrás de un enorme escritorio a un señor que parecía muy poquita cosa, más bien pequeño. Bien vestido, con un traje muy elegante, un hombre muy correcto y educado que rondaba los ochenta y cinco años. Un caballero.

»Lo saludamos, nos atendió muy correctamente, despidió a las personas que aún seguían en su despacho y aproveché para ver en la ventana unos diplomas que acreditaban la visita de alguien a Tierra Santa.

»Cuando ya se sentó con nosotros, don Antonino se mostró muy afable. Se interesó mucho por mi experiencia en Tierra Santa como director de Notre Dame. Era una persona que, por la razón que fuese, estaba sensibilizada por todo aquello. Lo que yo no sabía entonces y que supe más tarde, es que la esposa de don Antonino había fallecido recientemente y, aunque lo disimulaba bien, lo llevaba mal.

»Hablé de Tierra Santa sin saber cuando parar. La verdad es que yo no sabía cómo aterrizar el tema y ya fue él el que me cortó y me dijo:

—Padre, ¿en qué puedo servirle?

»Ahí entré a matar sin dudarlo:

—Don Antonino, tengo un proyecto en Tierra Santa para acoger a peregrinos y ayudar con trabajo a los cristianos locales. Necesito comprar un terreno. He traído en mi ordenador una presentación que tengo. Dura cinco minutos, ¿se la puedo mostrar?

»Don Antonino asintió, así que yo abrí el ordenador temblando, porque no se sabe por qué razón esos cacharros dejan de funcionar cuando más los necesitamos. Pero arrancó bien y aunque mi presentación era cutre, algo le pasó a don Antonino mientras la veía, porque a los tres minutos me interrumpió y me dijo:

—¿Cuanto necesita para comprar ese terreno?

»Le di la respuesta exacta tragando saliva por lo atrevido de mi demanda. Era una cifra repleta de ceros. No íbamos a comprar un huerto. Era un terreno de unas cuantas hectáreas. Al oírme, don Antonino siguió mirando la presentación como si estuviésemos hablando de otra cosa, y yo sudando como si aquellas preguntas fuesen las de un examen de final de carrera.

»No había terminado la presentación, llevaba cuatro minutos y medio, cuando Don Antonino, sin dejar de mirar la pantalla, dijo simplemente:

—Cuente con ello.

»Miré al padre John pensando que don Antonino quería decir otra cosa en realidad, pero el padre John me miró a mí más sorprendido que yo, y don Antonino seguía sin mirarnos a ninguno de los dos, como embobado mirando aquella presentación mal hecha. Cuando terminó, don Antonino se levantó entusiasmado del escritorio.

—¡Padre! ¡Qué hermoso proyecto! ¡Qué maravilla! ¡Tengo que ir allí!

»Miren. Yo no sé qué pasó por su cabeza, o qué pasó en el corazón de este hombre, pero fuese lo que fuese, le iluminó la cara. ¡Estaba realmente excitado con la idea de ayudarme a comprar un terreno en Tierra Santa! Yo no daba crédito. Hacía veinte minutos que nos habíamos conocido y me trataba como si fuese su amigo.

—Padre, le digo una cosa. Si hay que hacer las cosas… ¡se hacen y punto!

»En ese momento tomó el teléfono del escritorio y ordenó a la persona que estuviera al otro lado, con una determinación que conmigo no había mostrado, que subiera inmediatamente a su despacho. En un minuto entró por la puerta un hombre trajeado, joven, al que me presentó como si yo fuese su amigo de toda la vida y al que dijo:

—Hágale por favor un cheque al padre Juan en este momento, con la cantidad que demanda.

—¿En pesos, don Antonino?

—No. En dólares.

»En ese momento tú no sabes qué pensar. No sabes si te está pasando realmente a ti o si es un truco. Estás deseando que se descubra la trampa de una vez antes de llevarte la desilusión. Eres testigo de algo que te desborda, de lo que formas parte pero no controlas. De lo que de alguna manera tienes culpa y no puedes detener. Así que no te queda otra que disfrutarlo, y fue lo que empecé a hacer. Por eso no me puse nervioso cuando su asistente le discutió a don Antonino una cuestión que para el presidente de Cervecera Modelo parecía ser menor.

—Recuerde, don Antonino, que ya hemos visto la cuentas de este año y no puede dar más donativos. No queda más para regalar.

»Don Antonino le miró como si ese no fuese su problema y le dijo:

—Pues no sé cómo vamos a hacer, pero yo le he dado mi palabra al padre y le vamos a dar ese dinero como sea. ¿Cuando necesita el dinero? —dijo don Antonino mirándome a los ojos.

—De hoy en tres meses

—De acuerdo. Yo le doy entonces una parte ahora y el resto en estos tres meses. ¿Le parece?

»"¿Que si me parece? ¡No fastidies! ¡Claro!". Yo estuve a punto de abrazar a este hombre y llevármelo conmigo a Notre Dame. Pero me contuve, le di la mano y las gracias, y me marché por donde había entrado sin saber muy bien cómo reaccionar.

»Salí de aquel edificio como si hubiese visto una película. No sabía si estaba soñando o si había sido real. Lo único que tenía claro es que había que darle gracias a Dios, así que sin saber muy bien qué más hacer o decir, pedí al padre John que me llevara a la Villa de Guadalupe. Debido a otro compromiso no pudimos ir, pero fuimos a celebrar la Misa a otro lugar en acción de gracias.

»Estando celebrando, yo meditaba sobre todo esto. Cuando suceden cosas así, por un lado, como que se hace normal. Al fin y al cabo, si esto de es de Dios, tiene que darse. Ha de suceder así y a nosotros nos pilla por el medio. Pero al mismo tiempo no dejas de alucinar.

»El padre John me llevó a celebrar Misa. Recuerdo que era el 23 de noviembre, fiesta del mártir mexicano san Agustín Pro, y estoy seguro de que todo esto sucedió bajo su intercesión.

»Tras la misa nos dirigimos a un restaurante en el que el padre había concertado una cita con unos amigos. De camino al restaurante recordé que una mujer conocida estaba enferma y pensé en ir a visitarla. El padre me dijo que sabía de quien le hablaba que iríamos a verla después de comer, pues habíamos quedado a una hora en el restaurante y no daba tiempo.

»Nada más entrar en el restaurante en el que habíamos quedado, la primera mujer con la que nos encontramos era la madre de la mujer que yo quería visitar. Cuarenta millones de habitantes en la capital de México y me encuentro allí con ella. El padre John empezó a mostrase sorprendido conmigo y, al sentarnos a la mesa, se me acercó y me preguntó en voz baja:

—Padre, ¿a usted le pasan cosas así a menudo?

»Le contesté que no sabía por qué, pero que estas cosas a mí me pasan. ¡No lo hago aposta! La cosa es que comimos con los amigos del padre John y nos dieron también un donativo para el Proyecto Magdala.

—Padre, ¿y le siguen pasando cosas como estas?

Hice la pregunta casi dudando si este sacerdote me estaba empezando a tomar el pelo o si era verdad lo que contaba. El padre respondió sonriendo.

—Sí. Puede que sea un poco despistado, pero a veces me pasan cosas de estas y otras son más meteduras de pata mías. Pero siempre ando entre unas y otras. Es una maravilla poder colaborar con Dios.

Capítulo 09
LA COMPRA DE LOS TERRENOS (2006-2009)

Dejamos atrás el bullicio de Jerusalén y nos adentramos en Galilea. Pensar que en estas tierras, y no en otras, nació la cristiandad... Desde estas, y no desde otras, se lanzó un mensaje al mundo y a la Historia que a ambas, Historia y mundo, partió en dos hasta estos días en que aquí, en estas tierras de Galilea, y no en otras, excavamos en la memoria del padre Juan para conservar por escrito la historia que nos ocupa. Así, en Galilea, sobre el mismo lugar que ocupara en tiempos de Cristo el pueblo de Magdala, el padre Juan continúa con su narración oral.

—En la Legión me asignaron un abogado excepcional. Un hombre con una mente privilegiada y una inmensa capacidad de trabajo que me había ayudado años atrás en la compra de unos terrenos en Italia. Pero aquello comparado con esto, fue un juego de niños, la verdad.

»Si los trámites para el traspaso de dinero fueron complicados, lo peor fue la negociación por la compra del primer terreno. A mí al menos me pareció terrible, y ahora digo que fue la más fácil de los cuatro que finalmente compramos.

»Los judíos son diestros negociadores. Están en su derecho. Para empezar, porque ellos de entrada no venden terrenos en Israel a compradores no judíos. Lo consideran una especie de traición a su pueblo. A esta dificultad de origen había que añadir que, según supe después, si los judíos son duros en los negocios, más aún estos de origen iraní, como era el caso. Después de tensas y complicadas negociaciones se redactó un contrato, se acordó que el 19 de enero de 2006 se firmaría el contrato y se realizaría la transferencia. Así que envié al abogado a la notaría con todo arreglado y estipulado, con el contrato redactado, revisado y aprobado por las dos partes. En principio, todo consistía en firmar lo que ya se conocía.

»Llegado el día, coincidió que teníamos un acto oficial en Notre Dame. El Nuncio se marchaba a Estados Unidos y habíamos organizado una despedida con todas las autoridades religiosas y diplomáticas de Jerusalén, que no sabe usted lo que es eso. Había líderes judíos, musulmanes y obviamente cristianos. La mar salada, para que nos entendamos.

»Estando yo con los invitados al evento, a eso de la una o dos de la tarde, me sonó el teléfono. Era el abogado. Pensé que me llamaba para decirme que ya estaba todo hecho, y cuando descolgué, el hombre estaba desatado.

—¡Padre, estos tipos están locos! ¡Me tienen desquiciado! Ahora nos piden una serie de cosas que no estaban contempladas y dicen que o bien se las damos, o bien se van. Cuando les digo que sí a una cosa, me piden otra. ¡Están locos!

—Calma, ¿qué podemos hacer?

—Sinceramente, padre Juan. Tengo la impresión de que, por alguna razón, se han echado atrás con la venta. Veo muy difícil que pueda comprar su terreno, la verdad.

»No supe qué decir, pero sí supe qué hacer. Rezar. Ese día era jueves y los jueves en Notre Dame hacemos una hora de adoración eucarística. Llamé a las consagradas y les dije:

—Miren, este asunto está atascado. Adelanten la adoración y recen para que se desatasque.

»Al mismo tiempo, empezó a llegar gente a la recepción oficial. Yo era el anfitrión y uno de los que estaba recibiendo a la flor y nata del cuerpo diplomático mundial desplazado en Israel, que debe ser uno de los destinos diplomático más importante del mundo. Mientras saludaba a embajadores y líderes religiosos en Notre Dame, mi cabeza estaba en la notaría y mi corazón, en la capilla.

»Más de una vez, recibiendo invitados y saludando, sacaba el teléfono y hablaba con el abogado para calmarlo y darle instrucciones. La tensión se me fue acumulando hasta hacerse insoportable. A eso de las nueve de la noche, me llamó el abogado desde la notaría por enésima vez. Estaba desesperado, ni si quiera había comido en todo el día. Ahora faltaba algún otro documento que no encontraban. Traté de calmarlo, pero noté como él estaba a punto de tirar la toalla.

»Cuando hube despedido a mis invitados, pasé casi a rastras a la capilla, recé un poco y me fui a la cama. Necesitaba dormir. Eran las doce de la noche cuando, estando ya dormido, me llamó el letrado por última vez. Su voz era otra cuando descolgué:

—¡Padre, felicidades! ¡Acabamos de firmar ahora mismo!

»Bendito sea Dios. Lo recuerdo como un día muy duro. Lleno de jaleos, incierto, y encima, dando la cara en la recepción. Luego supe que estos judíos iraníes son tremendamente demandantes y que siempre intentan sacar de ti el máximo provecho posible y solo firman cuando tú ya te has dado por vencido.

»El 13 de marzo visité a don Antonino en México. Él era la primera persona que tenía que disfrutar de aquella compra. De modo que fui a verle en cuanto pude y le llevé de regalo dos fotografías aéreas ampliadas. Una del Mar de Galilea y otra del terreno que habíamos comprado gracias a su generosidad. Me pidió que le escribiera algo detrás de las fotografías. Quería colgarlas en su despacho. ¡El hombre estaba entusiasmado! En medio de ese entusiasmo me dijo que quería venir a Tierra Santa, así que rápidamente arreglamos su peregrinación.

«Estuvo con nosotros el 10, 11 y 12 de junio de 2006. Llegó a Tel Aviv y, nada más aterrizar, lo llevé a Nazaret. Comimos allí y por la tarde subimos al Monte de las Bienaventuranzas. Impresiona ver tan feliz a un hombre como él. A sus casi noventa años, un hombre rico, hecho a sí mismo, que se va a un viaje tan largo pudiendo quedarse en su casa, y que el estar allí, en Tierra Santa, es lo que le hace más feliz. Aún recuerdo con asombro cómo, contemplando los lugares santos, don Antonio reflexionaba en voz alta sobre lo maravilloso que le resultaban los lugares de nuestra "santa religión", como lo llamaba él.

»Hacia las cuatro de la tarde bajamos a conocer el terreno. Celebramos Misa allí, junto al lago, en nuestro terreno. Ese día nos acompañaban unos doscientos peregrinos que habían venido de todo el mundo. Unos días antes había habido en Roma un encuentro de movimientos con Benedicto XVI, y muchos de ellos extendieron su peregrinación hasta Tierra Santa, por eso había tantos".

»Visitamos Jerusalén y Belén el día 11. El día 12, su último día de peregrinación, pude celebrar Misa con él en el Santo Sepulcro. Estaba fuera de sí. Don Antonino es un hombre muy respetuoso con lo sagrado, un hombre de una fe muy sencilla pero fortísima. Ese día, camino del aeropuerto, me contó cómo sobrevivió en la Guerra Civil. Yo no sabía nada de aquella historia y quedé sobrecogido, pero no fue nada comparado con la confesión que me hizo antes de bajarse del coche:

—Padre, recuerdo la primera vez que lo vi. Mientras usted hablaba yo sentí algo en mi interior. Oí una voz que, muy claramente, me dijo tres veces: "Ayuda a este sacerdote. Ayuda a este sacerdote. Ayuda a este sacerdote". Por eso decidí ayudarle a comprar el terreno.

»Don Antonino me dio a entender que el proyecto Magdala le explicó de algún modo por qué había sobrevivido milagrosamente a aquella batalla de la Guerra Civil.

»Ahí se me abrió el entendimiento. Así me pude explicar por qué me ayudó sin conocerme de nada. Obviamente, había sido una intervención divina. Dios habló directamente al corazón a este señor. Esto me puso en mi sitio, porque no fue gracias a mi terrible presentación ni a mi don de gentes. No fue gracias a nada que yo pudiera tener. Yo soy solo un instrumento. Sí, le echo ganas y entusiasmo, hablo todo lo que haga falta y hago lo que sea, pero quien lleva adelante este proyecto es Dios. Es inexplicable lo que sucedió. Yo voy a ver a un señor que no conozco de nada, y él a mí, menos. Le hablo de Tierra

Santa dando vueltas sin sentido durante quince minutos, le enseño una presentación horrorosa durante otros cinco, y él me da al momento el costo necesario para comprar el terreno. Un hombre que llevaba vivo de milagro setenta de sus noventa años, esperando saber por qué. Es todo un milagro. Es un plan de Dios.

»Su confidencia me recordó a la experiencia que había tenido mi madre en aquel retiro en que oyó la voz de Dios. Experiencia a la que, con el paso del tiempo, la propia vida le fue dando explicación. Del mismo modo, a don Antonino, el Proyecto Magdala le dio una explicación de por qué sobrevivió, setenta años antes, a una muerte segura.

»Poco después tuve el honor de ser su único invitado en su 90 cumpleaños. Ese día me hizo una confesión:

—Padre, ese donativo que le di a usted ha sido la mejor inversión que he hecho en toda mi vida.

»Fue éste un periodo de mucho trabajo, en el que pasaron demasiadas cosas en muy poco tiempo y que, por la propia inercia de los acontecimientos, no podía parar a disfrutarlas demasiado. Yo hacía presentaciones cada día, a todos los peregrinos que venían a Notre Dame. Estaba dedicado a ello.

»Una vez que se cerró la compra del primer terreno, iniciamos inmediatamente la compra del terreno colindante. El 3 de agosto de 2006 se efectuó la compra del segundo terreno, el que se vendía al lado norte del que ya teníamos. Sumando ambos, teníamos cuatro hectáreas.

»Como el dinero recaudado se gastó entero, había que empezar de cero en la recaudación, pero el proyecto ya era una realidad. No tenía que vender sólo una buena idea para que nadie nos diera dinero, sino que yo hablaba de una realidad, con mis fotos del terreno que ya teníamos, aunque aún no teníamos un proyecto diseñado.

»Contacté con el arquitecto Francesco Giardino, un hombre muy cualificado que había hecho para los Legionarios unos cuantos edificios en Italia. Le pregunté si se animaba a hacernos el proyecto para Magdala, del que yo tenía dos o tres cosas muy claras. La primera, que debíamos tener una casa para acoger peregrinos. Magdala no podía ser un lugar de paso, sino de descanso. Nuestra misión allí contenía el facilitar el encuentro del peregrino con Dios, y eso es muy complicado teniéndolos subidos en un autobús. Acoger a peregrinos y dar trabajo a cristianos locales era parte de nuestra misión, por lo que al igual que en Notre Dame, en nuestra casa para peregrinos de Galilea trataríamos de contratar a cristianos. Tenía pensado incluso el nombre del alojamiento. Sería Notre Dame Galilea, por consonancia con Notre Dame Jerusalem, pero ahora creo que lo llamaré Notre Dame del Lago, por ser más concreto de este entorno del Mar.

»El arquitecto Giardino me dijo que haría el proyecto, y que lo haría gratis. Era un gran hombre, cercano a los ochenta años ya, que había triunfado haciendo todo tipo de edificios, sabiendo combinar muy sabiamente la funcionalidad con el diseño. Con él trabaja su hijo, también arquitecto, y formaban juntos un equipo que producía proyectos a la velocidad de la luz.

»En octubre de 2006 contratamos a un joven mexicano recién graduado llamado Juan Pablo. Él y su novia, Lolyna, tenían fecha de boda para unos meses más tarde, pero la adelantaron precisamente para venirse a trabajar con nosotros a Israel. Se casaron y llegaron a Notre Dame a principios de 2007. Cuando llegaron, Lolyna ya estaba embarazada de mellizos. Su presencia aquí fue muy positiva. Eran un matrimonio joven, generoso y entregado. Estaban entusiasmados con el proyecto. Hubo otras muchas personas más, y por ese tiempo se creó en Notre Dame un ambiente genial de trabajo, muy familiar y cercano entre todos. Esto ha sido fundamental para superar las dificultades que hemos tenido que afrontar en todo este tiempo. Se creó lo que nosotros llamábamos con simpatía el "kibutz de Notre Dame".

»Tenga en cuenta que hemos sacado adelante todo esto siendo extranjeros en Israel, y hemos trabajado con artistas chilenos que viven en Alemania; arquitectos italianos y arquitectos israelíes, tanto judíos como árabes, sin tener entre ellos una lengua técnica común. En mi caso, sin tener ningún conocimiento ni de arte, ni de construcción, ni de arquitectura, ni de nada. Imagínense una reunión en la que estábamos los artistas chilenos que hablan en alemán, con los arquitectos mexicanos o italianos que hablan en inglés, arquitectos árabes que conocen los matices y términos técnicos en hebreo, ingenieros mexicanos y arqueólogos árabes musulmanes. Cada análisis de cualquier elemento, por ejemplo del suelo, era tremendo. El color, el material, el grosor... Uno lo sabe en alemán, otro en árabe, otro en español, cada uno de ellos intenta expresarlo en inglés... Hay que recurrir sí o sí a un lenguaje descriptivo, mediante fotografías de algo que ya tuviera lo que querían expresar y enseñarlo al resto.

»Todo parecía ir sobre ruedas a principios de 2007. Sin embargo, en enero tuvimos la malísima noticia del fallecimiento del arquitecto Giardino, pero no del padre, sino del hijo. Era un hombre joven, de 52 años, que falleció repentinamente. Su padre, que ya tenía los ochenta, se vino abajo y no pudo continuar el proyecto. Lo sentí mucho, pues eran un equipo de gente buena y generosa. Aunque ellos no terminaron el trabajo, siempre les tendré un recuerdo lleno de agradecimiento.

»Dadas las circunstancias, hubo que buscar otro equipo. Pero en lo que al principio fue una complicación más, el Señor se manifestó bendiciendo el proyecto de una manera especial. Incluso tras una situación tan dramática, Dios no deja de acompañarte, y yo lo vi porque, pudiendo haber contratado a los mejores arquitectos del mundo, muchos de los cuales me ofrecieron trabajar gratis, encontramos la solución de la manera más sencilla y normal, en un equipo de jóvenes arquitectos locales. Eran tres hermanos, palestinos cristianos nacidos en Nazaret.

»Antes de tener el proyecto definido, debido al parón que supuso el fallecimiento de nuestro arquitecto, he de decir que el año 2007 fue un año de incubación de muchas cosas, de gestión de asuntos, de viajes de recaudación, y de un montón de actividades necesarias. Desde luego, una prioridad era el dinero, porque si habíamos tenido suficiente para comprar los terrenos, ahora no teníamos para realizar el proyecto. Por eso siempre digo que ese 2007 que empezó con la trágica muerte del arquitecto, fue un año en el que no pareció que el trabajo avanzase mucho, pero sí fue un año necesario para ponerle patas a muchas cosas cuyos frutos se verían más tarde. Fue un año de siembra. En realidad, no estábamos preparados aún para la construcción de nada, y además, lo hubiéramos hecho en un terreno más pequeño del que disponemos ahora. La Providencia siempre te sorprende para bien, nunca para mal.

»Llegó mayo de 2008 y ahí sucedieron dos cosas muy interesantes. Un buen día me llamó Waseem Bchara, un árabe cristiano local al que contratamos como guarda del terreno. Me dijo que estaba en venta otra parcela colindante a la nuestra. Se había enterado de que el día siguiente lo iban a visitar unos posibles compradores. Eran jaredíes, los llamados judíos ortodoxos, y tenían la intención de construir allí una escuela rabínica. No sé cómo se enteró Waseem de todo, pero este hombre es capaz, con su simpatía, de averiguar todo lo que suceda alrededor de Magdala.

»Al día siguiente fui allí. Waseem no falló. A cierta hora llegó un coche de alta gama del que se bajaron los hombres que esperábamos. Vestidos con sus levitas negras bien brillantes, los flecos blancos inmaculados perfectamente colocados en su lugar, sus tirabuzones asomando por debajo del típico sombrero hongo aterciopelado, y esas barbas limpias y peinadas. Se dieron un par de vueltas por aquel terreno que tendría algo más de cuatro hectáreas. Era una estrecha pero alargada franja que estaba entre los franciscanos y nosotros. Pude ver que había por allí un par de piedras de arqueología, algo nada raro en la zona en particular y en Israel en general.

»Lo que aconteció aquella mañana me hizo plantearme dos cosas y tomar una decisión con carácter urgente. Lo primero que me plantee fue que esa zona, con toda seguridad, tenía restos arqueológicos. Los franciscanos tenían algunas cosas del siglo IV en adelante. No eran cosas demasiado importantes, pero lo que fuese, muy probablemente llegase hasta el terreno que estaba en venta, entre ellos y nosotros. De hecho, ellos tenían descubierta una calle que se chocaba con su muro, por lo que lo más probable fuese que siguiera más allá, hacia nosotros. ¿Hasta donde y en qué condiciones? Eso no se sabía.

»Lo segundo que me plantee fue unirnos a los franciscanos y evitar así a cualquier otro vecino. De modo que la decisión que tomé fue la de comprar aquella parcela fuera como fuera. Así que esperé que se marchase todo el mundo, fui allí, puse dos rosarios y llamé por teléfono a mis superiores. Les dije de la urgencia de aquel asunto y me dieron permiso para ponerme en marcha con ello. Llegué a Jerusalén y le dije a José Miguel, mi asistente por aquel tiempo, que empezase las gestiones. Todo eso se decidió y se puso en marcha en una mañana. Más tarde averiguamos que, en realidad, el terreno eran dos propiedades diferentes, lo que complicaba todo. Pero no me eché atrás. La decisión era firme. Ibamos a comprar esa tierra, aunque no teníamos un centavo.

»Uno o dos días más tarde, reuní a mis colaboradores más cercanos e hicimos con lápiz y papel una lista de amistades a las que, debida la urgencia del asunto, podíamos pedir ayuda. Una vez concluida la lista, entre todos empezamos a llamar por teléfono y por la noche habíamos conseguido un apoyo muy importante.

»Llamé por ejemplo a un amigo americano al que no veía mucho. Un hombre rico al que conocí en algún lugar de Estados Unidos. Le conté el problema y me dio un millón de dólares. Sí quiero dejar constancia de esto porque este amigo era cristiano no católico, sino protestante.

»Llamamos a varios amigos y unos días después me fui a ver a don Antonino. No quería pedirle dinero, pero sí que me facilitase el contacto de personas de su confianza a las que pedir. Él tenía su personalidad y su forma de ser y se negó, pero me dio a cambio otro generoso donativo.

»De México volé a España. Teníamos preparada desde hacía meses una cena de gala para presentar el proyecto y buscar ayudas. La cena fue un éxito de asistencia y de recaudación. El éxito fue tal que, por error, vendimos puestos de más para la gala y tuve que pedir a algunos amigos que no vinieran. Fíjense como es mi cabeza que luego supe que, precisamente, había pedido el favor de que nos dejaran sus asientos a algunos amigos que nos habían dado un donativo importante. Así he ido sacando las cosas, lleno de errores y desaciertos.

»En esa cena ocurrió una cosa curiosísima, y en cierta manera tragicómica. Cuando ya estaban allí los invitados, hice una presentación del proyecto y luego una petición expresa de ayuda por el asunto de la compra de este terreno. Era una cena muy a la americana. Los invitados escribían en unas papeletas algo que ellos quisieran donar para Magdala y la cantidad que aportaban. Así, alguien dio una cantidad para los bancos de la iglesia, otro para las ventanas, y la cena fue discurriendo en un ambiente muy cordial, alegre y festivo. Teníamos unas pantallas gigantes en las que se iba proyectando el contenido de las papeletas. El hecho de que se viesen los donativos en ellas, animaba a otros posibles benefactores.

»Al inicio de la cena hubo un discurso del Cónsul de España en Jerusalén. Cuando fue mi turno subí al estrado y dije a los invitados:

—Miren, tenemos en este momento dos objetivos fuertes. Uno es construir la iglesia en Magdala cuanto antes, y espero que esto nos lo regale España. En segundo lugar, les quiero contar que ha salido a la venta un terreno vecino al nuestro y la verdad, no me apetece nada que alguien construya algo ahí que sea inconveniente para nuestro proyecto.

»Luego supe que este comentario molestó a algunos de los invitados, supongo que por desconocimiento de la realidad política y religiosa de Israel. La cosa es que empezaron a llegar papeletas y el ambiente se fue animando rápidamente. Llegó el regalo del altar, la instalación de la luz, y así poco a poco fueron construyendo una iglesia. Yo me senté un rato a conversar con un amigo cuando, de pronto, llegó el responsable de la oficina de recaudación de fondos de la Legión en España. Estaba entusiasmado.

—¡Padre, tengo que decirle algo! ¡Esto es un milagro!

»Me enseñó una papeleta en la que una señora se comprometía a pagar los ocho millones que costaba el total de esos terrenos.

—¿Estás seguro?

—¡Sí, padre! Mire, es esa señora de allí. Hablé con ella personalmente y está convencida. Tan solo me ha pedido la condición de mantener su anonimato.

—¿Qué hacemos?

—Padre, ¡tenemos que contarlo! Ella me ha dicho que lo podemos anunciar, pero sin decir que es ella.

»Subí al estrado para anunciar la gran noticia.

—¡Amigos! Una persona aquí presente nos ha ofrecido la cantidad que cuesta ese terreno. ¡Ocho millones de euros!

»No se pueden imaginar la fiesta que se montó. La gente gritaba, tiraban las servilletas al aire e hicieron la ola entre las mesas. ¡Fue la apoteosis! ¡La locura!

»Cuando bajé del estrado me senté de nuevo junto al amigo con el que estaba conversando, quien me dio la enhorabuena realmente conmovido. Yo traté de calmar un poco los ánimos sin dejar de reconocer que era un milagro de Dios:

—Querido amigo. Yo ya me estoy empezando a acostumbrar a estos milagros. Y te digo algo: es solo dinero, y tal y como viene, se va.

»En ese momento empezó a amenazar lluvia. Llegó de repente una tormenta y la gente se empezó a marchar, con mucha prisa pero en medio de una inmensa alegría. Diría yo que euforia. De pronto, llegó de nuevo mi colaborador, más blanco que la camisa, y con la voz muy bajita, me dijo:

—Padre, ha habido un error. La señora me ha pedido que la perdonemos, pero que ella no se refería a ocho millones de euros, sino a ocho millones de las antiguas pesetas. Está muy apenada y ha pedido que, por favor, se corrija públicamente el error.

—¿Qué hacemos?

—Padre, no podemos permitir que la gente se vaya engañada a casa.

»No sabría describir lo que sentía en ese momento. Por un lado una decepción grande, pero por otro como que no me importó. Acababa de decirle a mi amigo que el dinero, tal y como viene, se va. Así que subí al estrado a arreglar el desaguisado. Cuando lo expliqué, no se imaginan el silencio sepulcral que inundó el lugar. Los españoles son muy sensibles para este tipo de situaciones humillantes y creo que lo sintieron ellos más que yo.

»Al día siguiente me fui a comer con unos amigos que habían estado la víspera y que estaban dolidos por mí. La verdad es que podía haber sido un gran chasco, pero les expliqué que no se preocupasen y que pensasen que la Providencia de Dios todo lo contempla y lo sabe. Dios todo lo hace bien, incluso más allá de las meteduras de pata que todos tenemos alguna vez.

»La cena, que había sido en todo caso muy exitosa, nos dejó más de trescientos mil euros. Entre unas cosas y otras, en noviembre de ese 2008 pudimos cerrar la compra de una mitad de ese terreno por unos tres millones de dólares, pero quedaba el otro y ahora sí, este era vital, pues quedaba en medio de los nuestros y, si no lo comprábamos, nos quedaba junto a los franciscanos una parcela colgando que no servía para nada.

»Intentamos de todos modos que el dueño no se enterara que su finca estaba en medio de dos nuestras, porque si se enteraba, podía destrozarnos. No hizo falta que se enterara para ponernos pegas, pues cuando el abogado que enviamos a contactar con él le dijo que el comprador era un cristiano, el dueño se negó en redondo a venderlo. Era un judío polaco, una persona muy difícil en términos de negocio y que, además, tenía un socio que era aún más duro que él. En algún momento de esos contactos di por perdida la compra. Él se negaba a venderlo a un cristiano, y en mis planes no entraba el convertirme al judaísmo, de modo que era simple: no lo podía comprar. Sin embargo, le pedí al abogado que le siguiese preguntando, ya que yo estaba convencido de que Dios abriría esa puerta que era la última de un proceso en el que me metí por ignorante. Si llego a saber lo angustioso que fue comprar aquellas tierras, no me meto en la vida, pero así se sirve el Señor de nuestra inutilidad. Finalmente encontramos la manera de comprarlo. Una persona se ofreció a comprarlo por nosotros. Cuando el abogado me informó de esta posibilidad, le dije que no teníamos dinero, y se cogió un enfado de espanto.

—¡Padre! ¿Usted me toma el pelo? Llevo casi dos años buscando la manera de comprar esa tierra para usted, y cuando ya podemos hacerlo, ¿me dice que no tiene dinero? ¡Usted está loco!

»En cierta manera entendí lo que ese abogado quería decir. Como siempre, el proyecto solo estaba en mi corazón, y en muchos aspectos de una manera poco clara. Yo siempre he tenido la certeza de ir para adelante, pero con fe, a ciegas, y yo no le podía exigir a mis abogados esa fe. De modo que dos días después me fui a Magdala y coloqué una mesa en medio de un restaurante cochambroso que quedaba del Hawai Beach. Puse encima una imagen de la Virgen del Camino mirando hacia el terreno que faltaba y le dije: "No te voy a quitar de aquí hasta que tengamos ese terreno". Celebré Misa allí con ella y me marché. Era el 12 de enero de 2009. Conmigo estaba Vicente, mi secretario, y antes de darle la comunión, le dije:

—Mira Vicente. Aquí está Cristo. Vamos a rezar un rosario.

»Rezamos el rosario con el Señor sobre el altar. Comulgamos, terminamos la Misa y nos marchamos de allí. Al terminar tuve la sensación nítida de que ese asunto se había resuelto, y se lo dije a Vicente.

—Vicente, esto ya está arreglado. Vamos a Jerusalén.

»Al día siguiente hicimos otra lista de amistades que nos pudieran ayudar. En torno al 17 de enero yo viajé a Italia para participar en una Feria de Turismo Religioso y estando allí, llamé a un buen amigo mío, un empresario que embotella uno de los mejores vinagres del mundo.

Vista aérea del hotel Hawai Beach. Bajo sus bungalós se encuentra la sinagoga y todo el pueblo de Magdala.

Migdal, en la década de 1910. Al fondo se atisba un pequeño golfo, en cuyas orillas estaba enterrado Magdala.

Sinagoga de Magdala, recién desenterrada. Estaba a un metro de profundidad, bajo uno de los bungalós del Hawai Beach.

Vista cenital de la sinagoga y parte del bet midrás o escuela hebráica.

Detalle del mosaico de 7 metros de la sinagoga, con el rosetón de ocho pétalos en el centro.

Fresco del siglo I conservado en la entrada a la sinagoga.

Piedra de Magdala, una pequeña maqueta del Templo de Jerusalén, a 160 kilómetros de Jerusalén.

La cara norte de la piedra representa el carro de fuego que vio el profeta Ezequiel; y los laterales, las arcadas del atrio del templo.

Detalle de la cara sur de la piedra, con la menorá. Es la representación artística más antigua de una menorá encontrada fuera de los muros de Jerusalén.

Uno de los mikvés encontrados en Magdala. Aún mana el agua de forma natural.

Vista aérea de las excavaciones y los terrenos de Magdala.

Moneda acuñada en el año 29 y encontrada en el suelo de la sinagoga. En el anverso se lee "Herodes Tetrarca"; en el reverso "Tiberias".

Arfan Najar, arqueólogo jefe de Magdala, junto al padre Juan.

Altar de la iglesia Duc in altum, en Magdala.

Capilla ecuménica. El suelo es el original del mercado de Magdala.

Atrio de las Mujeres, con la iglesia al fondo.

El atrio de las mujeres está sostenido por columnas, todas ellas dedicadas a las mujeres que acompañaron a Jesús.

Mosaico dedicado a María Magdalena, «de quien había expulsado siete demonios».

El padre Juan muestra a una peregrina el mosaico de Jesús caminando sobre las aguas.

Detalle del mosaico de la resurrección de la hija de Jairo, en el que se ha representado la sinagoga de Magdala.

Mosaico de la llamada de los apóstoles.

Compuestos en Italia, cada mosaico se compone de doscientos cincuenta mil piezas de cristal.

Voluntarios en Magdala.

El padre Juan consagrando sobre el altar con forma de barca. La imagen inspiradora de toda esta obra fue la de Jesús subido en una barca en la orilla del Mar de Galilea.

Benedicto XVI bendice la primera piedra de la iglesia de Magdala.

Le pedí ayuda, pero él no lo vio nada claro. La crisis económica había empezado ya y no se sabía cuanto duraría. De modo que me preguntó cuanto dinero necesitaba para señalizar ese terreno. Le dije que el diez por ciento del total, y me lo dio. Le envié ese dinero al abogado y le pedí que se calmara.

»Al día siguiente partí hacia España. Eduardo, nuestro mejor amigo y bienhechor allí, me recibió con mucha alegría y afecto. Por lo primero que se interesó fue por cómo iba el proyecto, de modo que le di cuenta de todo lo que habíamos avanzado y también del reto que teníamos justo ante nosotros. Sin embargo, me dijo que sintiéndolo mucho, esta vez no me podía ayudar. Esto fue el 20 de enero de 2009.

»Un día después yo estaba en el aeropuerto de Madrid, a punto de facturar mi equipaje rumbo a Atlanta, Georgia. La chica del mostrador me preguntó dónde me iba a hospedar en Estados Unidos. Nunca, ni antes ni después, me han hecho esta pregunta en un mostrador de facturación, por lo que me llamó la atención, pero saqué mi teléfono móvil para chequear el lugar, pues no tenía ni idea de donde quedaba mi hospedaje. Cuando lo saqué de mi bolsillo, vi que tenía seis llamadas perdidas de mi amigo Eduardo. En ese momento, entró la séptima. En realidad quien llamaba era su esposa, y estaba como disgustada porque su marido había intentado localizarme y no había habido forma. No oí ninguna de esas seis llamadas, pues en la noche, había puesto mi teléfono en silencio, y tampoco se por qué esa chica me hizo aquella pregunta… En fin.

—Estoy haciendo el checking en el aeropuerto, ¿le puedo llamar en cinco minutos?

—Padre, dése prisa. Mi marido quiere hablar con usted y usted está desaparecido…

»Me sonó raro todo aquello, y no me quedé a gusto. De modo que una vez que mi maleta se marchó por la cinta transportadora, yo llamé a casa de mi amigo antes de pasar a la zona de embarque, y respondió de nuevo su esposa.

—Padre, mi esposo se ha ido ya a la oficina, pero trate de contactar con él pues es importante.

»Le llamé a su teléfono personal y me contestó muy serio:

—Padre, quiero hablar con usted, pero no por teléfono.

—Mire, acabo de hacer el checking, no sé qué podemos hacer…

—¿Me da tiempo a llegar al aeropuerto y verle?

»Miré la hora de mi despegue y la verdad es que no daba mucho tiempo. Pero todo aquello me sonó tan raro que tomé inmediatamente una decisión.

—Señorita —le dije a la encargada del mostrador de facturación—, me ha surgido un inconveniente y tengo que posponer mi viaje. ¿Podría recuperar mi maleta y cancelar mi billete?

»La cara de esta amable empleada era un poema. No hacía ni dos minutos que me había facturado mi maleta y me había dado mi tarjeta de embarque rumbo a Atlanta. Seguro que no pensó nada bueno de los curas mexicanos, pero se ahorró cualquier comentario y, con cara de circunstancias, me ayudó. No solo eso, sino que me cambiaron mi billete para el día siguiente sin coste adicional. Gratis. ¡Dios siempre acontece de maneras insospechadas!

—¡Padre, qué bien que haya podido venir a verme!

»Mi amigo estaba exultante cuando llegué a su despacho. Ya con calma, pero un poco excitado, me explicó lo que le pasaba.

—Padre, tengo que confesarle algo. ¡Este proyecto suyo de Tierra Santa, es de los que a mí me gustan! Mire que a mí me pide dinero mucha gente, pero este asunto suyo de Magdala, es diferente. Es lo que realmente me gusta. ¿Sabe qué le digo?

—Sorpréndame.

—Ese terreno no se puede perder. ¡Vamos a poner una pica en Flandes!

»¡Le salió a este gran hombre, del que debo guardar su identidad, su espíritu quijotesco! Ahí vi, al igual que había pasado con don Antonino, que él se tomó Magdala como un asunto personal. Por eso, había decidido darme un donativo importante con el que comprar el terreno.

Salí de su casa aturdido. Por que sí, porque no hay persona cabal que aguante tanta concatenación de acontecimientos en tan poco tiempo. A esa hora yo tenía que estar metido en un avión rumbo a Atlanta, y yo, sin embargo, estaba en el centro de Madrid siendo testigo de cómo la Providencia de Dios mueve los corazones de sus hijos que le aman. Dios todo lo hace bien. De modo que al día siguiente seguí con mi viaje, habiendo quedado con mi amigo en verme quince días después en México, ya que él tenía planeado viajar allí también.

»En esos quince días que hubo entre el encuentro con Eduardo en Madrid y el encuentro en México, salieron a nivel mundial las noticias sobre la doble vida del padre Maciel.

»Mi amigo era un caballero. No me preguntó nunca nada que a lo mejor tenía derecho a preguntar, pero imagino las perplejidades que el tema habría suscitado en él. Aún así, donó el dinero. Estaba convencido de este proyecto. Poco tiempo después me contó que él había superado una grave enfermedad. Me dijo: "Padre, sé muy bien que estoy viviendo horas extras. Me pude haber muerto, pero Dios me devolvió la salud".

»Un tiempo después su enfermedad volvió a aparecer. La última vez que vi a mi amigo fue en 2009. Fue uno de los más grandes hombres que he conocido nunca y quiero recordar aquí que se marchó sabiendo que con su legado habíamos podido comprar ese terreno que tanto dolor de cabeza nos había dado. Para orgullo y alegría de su familia, este buen hombre se fue al Cielo habiendo colocado una pica, no en Flandes, sino en Tierra Santa.

»La compra del terreno se efectuó la noche del 24 de marzo de ese 2009, víspera de la Anunciación. Fue un día terrible, para variar. De partida, yo no podía aparecer de ninguna manera en las negociaciones, ya que estábamos haciendo la compra a través de un intermediario. Yo aproveché el día para acompañar a unos padres que estaban hospedados en Notre Dame. Querían conocer las ruinas de Petra, en Jordania. Es una excursión sencilla desde Jerusalén, pero yo no había estado nunca y al mirar el mapa vi que había una carretera llamada Autopista de los Reyes[1]. Así que sin dudar ni un momento tiré por ahí. Terrible decisión. Es el camino más feo que he re-

---

[1] La autopista citada por el padre Juan es el trayecto asfaltado del antiguo Camino Real, la citada ruta comercial cuyo trazado, obviamente, ha quedado obsoleto.

corrido jamás, lleno de curvas y socavones en el piso, en el que no hay ni una sola señal indicativa que te oriente más o menos de por qué parte del desierto andas.

»A mitad de camino pinché una rueda. Nos la arreglaron en una aldea pero la arreglaron mal, de modo que a los poco kilómetros estaba otra vez sin aire. Cuando estábamos en esas, nos pilló de sorpresa una tormenta de arena. Cuando te agarra una de estas no ves nada. Es peor que la niebla, y además el polvo se mete por todas partes del coche, de la ropa, y lo respiras y lo masticas. En medio de la tormenta de arena, empezó a llover, y en esas circunstancias lo que llueve son goterones de barro, y resulta que no tenía agua en el parabrisas. ¡No podía ver por donde circulaba!

»A todo esto, el conocido e inagotable goteo de llamadas de teléfono del abogado, informándome de cómo iban las cosas, que como las otras veces, pues iban mal. Así llegué a un pueblo totalmente a oscuras y a ciegas y me metí por ahí, más intuyendo la carretera que viéndola. De pronto, algo me hizo parar el coche, y le prometo que aún no se lo que fue. La cosa es que lo detuve, me bajé para ver qué podía hacer y, dos metros delante de donde paré el coche, había una zanja de dos metros de ancho y dos metros de profundidad, sin señalizar ni nada. ¡En medio de la carretera! ¿Por qué me detuve ahí? Dios lo sabe, porque yo, no lo sé.

»Di marcha atrás y al rato vi a un par de hombres charlando en la calle como si aquel apocalipsis de barro y viento no fuese con ellos. Uno era un imán musulmán. Le pregunté y me dijo que le siguiera en su coche, pues él marchaba en dirección a Petra también. Ya desde ahí pudimos llegar con cierta facilidad, pero fue la excursión más aterradora de toda mi vida, y creo que los padres que vinieron conmigo no guardan tampoco el mejor de los recuerdos de su día en Petra. Hacía un frío de la miseria, estábamos empapados de agua y barro, y no se podía ver nada. Fue un día de perros que, como las veces anteriores, terminó con la buena noticia de la compra del terreno. Por la noche, ya en el hotel de Petra, me llamó Juan Pablo, mi asistente, para decirme que el contrato se había firmado. Era la víspera de la Encarnación del Hijo de Dios.

»Pero he de contarle otra cosa más. Desde que me prometieron los donativos para esta compra, hasta que efectivamente pudimos recibirlos, pasaron varios meses ya de pleno en la crisis financiera mundial. En los cambios de valor que hubo entonces perdí como el veinte por ciento del poder adquisitivo de ese dinero. En este tránsito firmamos la compra, pero me quedé pillado con una deuda importante. Sudé tinta china para pagar aquella cantidad. Corríamos el riesgo de perderlo todo en caso de no cumplir los plazos. Para calmar las cosas en Notre Dame Jerusalén, recibimos en ese tiempo la visita del Papa Benedicto XVI. Otra nueva aventura.

Capítulo 10
LA CRISIS FINANCIERA Y LA CRISIS
INSTITUCIONAL

Roma, 25 de marzo de 2010. Con ocasión de la reunión anual de los directores territoriales con el director general y su consejo, queremos dirigirnos a nuestros hermanos Legionarios de Cristo, a los consagrados y a todos los miembros del Movimiento Regnum Christi, familiares y amigos que nos acompañan en este momento de nuestra historia, así como a todos aquellos que han sido afectados, heridos o escandalizados por las acciones reprobables de nuestro fundador, el P. Marcial Maciel Degollado, L.C.

Así comenzaba el comunicado oficial en el que los Legionarios de Cristo reconocían como auténticos muchos de los delitos de los que durante décadas fue acusado su fundador, el padre Marcial Maciel.

Se cerraba así un periodo de incertidumbre, iniciado cuatro años atrás, cuando en 2006, el Papa Benedicto XVI había pedido al padre Marcial Maciel retirarse a una vida de silencio y oración, y se abría entonces un nuevo capítulo en la Historia de la Legión y de la Iglesia.

Obviamente, la crisis institucional supuso una enorme losa en lo que al Proyecto Magdala se refiere, sin necesidad de entrar en detalles ya asumidos y pasados. A esta crisis institucional hay que añadir otra que tampoco fue a favor del proyecto. La crisis financiera mundial iniciada en septiembre de 2008.

En este libro, el autor no ha querido dejar de señalar cómo, en medio de estas dos circunstancias tan adversas, la Providencia de Dios no ha dejado de bendecir todo lo referente a Magdala, como se va a seguir constatando en el texto.

Capítulo 11
BENEDICTO XVI BENDICE LA PRIMERA
PIEDRA DEL PROYECTO MAGDALA (2009)

Comiendo shawarma y falafel en una aldea de Galilea, es tan sencillo imbuirse de cualquier relato local, que cuando los camareros locales interrumpen al padre Juan en su narración, a mí me parece entenderlos. El calor aprieta sin agobiar y la humedad del cercano Mar de Galilea, decorado sin igual, empaña los cristales del enorme ventanal. Lo miro ensimismado y me parece una pantalla de cine que proyecta sobre mis ojos las mismas vistas que en su día vieron los apóstoles y discípulos, como hoy las pueden ver los millones de peregrinos que recorren sus orillas en búsqueda del mismo Cristo que buscaban aquellos entonces.

El padre dio buena cuenta de un menú. La charla le había abierto el apetito y le gustó que coincidiera en su narración el momento de la visita de Benedicto XVI a Notre Dame con el del almuerzo en este restaurante recién abierto al público.

Servidor también comió con ganas, aunque reconozco que hube de esforzarme por abrir un estómago que se había encogido a medida que iba oyendo, de labios de este sacerdote, la increíble historia de Magdala. Lo que no sabía aún era las sorpresas que me esperaban.

Con el café ya en la mano y entre comentarios aprobando el servicio del nuevo restaurante, el padre Juan Solana comenzó recordando una inquietud que él llevaba ya desde bastante tiempo antes de que Su Santidad pisara Tierra Santa.

—Antes de que se anunciara la visita de Benedicto XVI, yo tenía pensado llevar una piedra simbólica a Roma, como primera piedra del proyecto de Magdala, para que Su Santidad la bendijera. Siempre tuve la convicción de que ese terreno que estábamos comprando, ese que tenemos enfrente mismo, ubicado donde cayó la antigua Magdala, era un lugar santo. Un lugar importante para todos los cristianos.Importante en el ministerio de Jesús y en su relación con la mujer.

»Tenía todo pensado cuando, en diciembre de 2008, contactó conmigo una delegación de la Santa Sede desplazada a Jerusalén, que quería reunirse conmigo para ver cosas del viaje papal que tendría lugar en la primavera de 2009. Como un rayo se me vino a la cabeza la idea de meter como fuera en la agenda del Papa su bendición de una primera piedra del Proyecto Magdala.

»Unos días más tarde tuvimos un almuerzo con el Nuncio y con esta delegación. En un momento dado, les puse encima de la mesa el asunto de la piedra. Me llamó la atención que me hicieron muchas preguntas, pero bueno, yo respondí a todas y seguimos tratando otras cosas.

»En marzo, a dos meses de la visita, me solicitaron que enviara al Vaticano algo de información sobre el Proyecto Magdala. A mediados de abril me contestaron que el Papa bendeciría la primera piedra. Sería un brevísimo acto en Notre Dame, una vez terminado un encuentro que se programó allí entre líderes religiosos. Cuando leí la confirmación, me pareció estar soñando. La importancia de un acto así es tremenda. Este asunto significaba que el Papa sabría ya del Proyecto, y que él lo bendijera era el mayor gesto de apoyo y aprobación que se puede tener dentro de la Iglesia.

»¡Llegó el ansiado día de la bendición! Como introducción le diré que fue un día caótico y humanamente horroroso. Para hacérselo más breve solo le voy a describir dos cosas de entre todas las que se complicaron aquel día.

»A la hora indicada, yo estaba esperando al Papa en el auditorio. Todo estaba preparado para que él llegara desde el parking subterráneo, subiendo por un ascensor que comunica directamente con la platea. Así fue. Una vez que hubo llegado, le invité a una pequeña salita en la que habíamos colocado la piedra que había ordenado construir para el evento. Ahí el Papa me preguntó:

—¿Ustedes tienen el proyecto en Galilea?

—Sí, Santo Padre.

»La verdad es que dentro de todo el trabajo que tiene el Papa, este asunto era un asunto menor, obviamente, pero se notó que lo conocía y que le hacía cierta ilusión. Miró la primera piedra que teníamos colocada para ser bendecida y vio que estaba representada en ella la barca de Pedro. Al verla, se levantó de su sillón casi de un salto, porque le encantó la idea.

»El Papa estaba cansado, se le notaba. Antes de hacer la bendición, pasó al escenario del auditorio para el acto oficial. Yo tenía pensado sentarme abajo, en el patio de butacas, pero el maestro de ceremonias me agarró de la sotana y me obligó a sentarme arriba, junto al Pontífice. De modo que yo quedé a un lado de él, junto al cardenal Tarcisio Bertone. Del otro lado estaban el Patriarca de Jerusalén, el rabino de la ciudad, y el muftí musulmán.

»Una vez terminados los discursos, el Papa se levantó y se montó un lío tremendo en el escenario, porque mucha gente le quiso saludar. Finalmente lograron llevarle de nuevo a la salita donde todo estaba organizado para la bendición de la primera piedra. Habíamos preparado un breve video y una mesita con algún refresco para tomar. Estábamos allí el Secretario de Estado Vaticano, cardenal Tarcisio Bertone; el Patriarca de Jerusalén, Fouad Twal; el nuncio apostólico, monseñor Antonio Franco; el padre Alvaro Corcuera, Superior General de los Legionarios; y el padre Luis Garza, nuestro Vicario General. De entre todos, el que más calmado y tranquilo estaba era el Papa, y el que menos, era yo.

»Le conté a grandes rasgos muy deslavazados algunas cosas del proyecto, como que éramos vecinos de los franciscanos. Me preguntó si nos llevábamos bien con ellos y le dije que muy bien, como así era y sigue siendo. Luego le comenté que ellos tenían arqueología y que posiblemente nosotros tuviéramos algo también. Entonces me hizo una pregunta que, en ese momento, me pareció un poco sorprendente. Al Papa le interesó saber si íbamos a preservar la arqueología en caso de que encontráramos algo. Yo, en ese momento, ni me lo había planteado. Nunca me interesó la arqueología y sabía que, en caso de encontrar algo, lo único que podía hacer era entorpecer mi proyecto de la iglesia y de la casa para peregrinos. Así que seguí con una breve explicación del proyecto y no ahondé en la posibilidad que sellaba el Papa. Madre mía, ahora que lo recuerdo, me da la risa, porque su pregunta resultó ser profética.

»Puse el video en marcha. Era una cosa breve, de no más de cuatro minutos, y mientras él y su séquito más cercano lo veían, yo aproveché para salir fuera de la salita y pedirle a alguno de los que estaban por allí que trajesen los objetos necesarios para hacer la bendición de la piedra. Cual fue mi sorpresa cuando uno de ellos, me dijo:

—No, padre. Nos las hemos llevado porque el Papa ya bendijo la piedra.

—¿¡Cómo que ya la bendijo?! ¡¡Cuando la bendijo!?

—Nada más salir del escenario. No sabíamos donde estaba usted. ¡Se hizo la bendición en un santiamén!

»Entré de nuevo en la salita, el video terminó, y entregamos al Papa unos regalos. Entre ellos, un pergamino cuyo texto definía a la perfección la esencia, tanto del Proyecto, como de este acto de bendición de su primera piedra. Decía así:

Venga tu reino
"Acepta, oh Jesucristo, este nuevo esfuerzo de nuestro amor por el triunfo de tu reino"
Hoy, día once de mayo del año del Señor 2009, Su Santidad el Papa Benedicto XVI, al inicio de su peregrinación pastoral en Tierra Santa, se dignó bendecir la primera piedra del Magdala Center, ubicado en el pueblo natal de María Magdalena.
La bendición del sucesor de Pedro sea prenda de fecundidad espiritual y apostólica sobre cuantos recorrerán esos parajes donde el mismo Pedro, Andrés su hermano, María Magdalena, las demás mujeres, así como los demás apóstoles, discípulos y las multitudes escucharon las enseñanzas

del Divino Maestro, recibieron sus beneficios y sanaron sus almas y sus cuerpos.

Brille una vez más la luz del Evangelio al inicio de este tercer milenio cristiano desde el centro que se va a erigir para acoger a los peregrinos, presentarles al Señor y Maestro y celebrar sus Divinos Misterios. La Divina Misericordia los transforme, como a María Magdalena, en testigos de la Resurrección.

Que María Santísima, Madre y Discípula de Jesús, proteja siempre el Magdala Center.

Jerusalén, en el auditorio Juan Pablo II, Pontificio Instituto Notre Dame Jerusalén.

»El Papa firmó una copia del pergamino que nos quedamos de recuerdo, y él se llevó otra. Al mismo tiempo, Su Santidad dejó de regalo el sagrario que hay ahora en la capilla de Notre Dame. Una vez hecho este intercambio de recuerdos, tal y como llegó, se marchó. Se metió en el ascensor que le bajaba al parking y ahí se acabó todo.

»Así fue la bendición de la primera piedra del Proyecto Magdala, y le agradezco mucho a Dios que yo no me enterara de nada. Porque así, con la bendición del Papa y con mi ausencia, queda demostrado, confirmado por Dios, que este no es un proyecto del padre Juan, sino de la Iglesia. Así, este proyecto ya trasciende en mucho lo que hubiera podido parecer una buena idea mía, o una iniciativa de la Legión.

»De modo que nuestro proyecto ya estaba bendecido por el Papa. Ya teníamos una primera piedra, ya teníamos una bendición... La único que le faltaba al Proyecto Magdala era... el proyecto. ¡Había que ponerse manos a la obra!

Capítulo 12
EL PROYECTO MAGDALA SE APRUEBA EN TIEMPO RÉCORD

—¿Sabe, querido amigo periodista, que voy presumiendo por el mundo de haberle quitado el sueño a un buen número de arquitectos?

—¿Cómo fue eso, padre?

—Sencillo. En todos estos años he procurado que ningún peregrino de los que ha pasado por Notre Dame se marchase sin saber qué estábamos haciendo en Magdala, así que a cada grupo de peregrinos yo le hacía una pequeña presentación. ¡Hice cientos o miles en apenas unos años!

»La cosa es que en esos grupos siempre podía haber algún arquitecto, y le cuento lo que le he dicho, que a más de uno le quité el sueño. Pero no lo hacía a propósito. ¡Me oían hablar del proyecto y ellos solos se entusiasmaban! Cuando al día siguiente me encontraba en el desayuno algún peregrino con ojos de no haber dormido, me decía a mí mismo: "Mira, un arquitecto que me quiere regalar el proyecto". ¡Y así fue muchas veces! Incluso varios de ellos me llegaron a enviar maquetas.

»Recuerdo una ocasión en México que di una charla sobre esto y el director de una facultad de Arquitectura se encerró dos días en su estudio, tras los cuales me entregó una maqueta impresionante. Pero a este como a todos, les dije que no. El problema es que todos esos proyectos eran faraónicos y, dentro de su grandeza, Magdala y Galilea son lugares sencillos. Allí ya todo es grande por su historia. El lago no es más que un lago y el monte es un monte, por lo que la única grandeza de este lugar es lo que ya pasó y lo que Dios quiera que pase, pero desde la sencillez de la vida pública de Jesús. Todo estos arquitectos, algunos de los más renombrados del mundo, me enviaron propuestas desde la ignorancia de lo que es este lugar. Para empezar, de la ignorancia de la normativa, ya que allí, en la orilla del lago, un edificio no puede tener más de 7,20 metros de altura, y llegué a ver proyectos de casi diez veces más. Lo que yo necesitaba, era alguien que tradujera al lenguaje técnico las ideas que ya estaban aquí, dentro de mí.

»Total, que me harté de arquitectos importantes y, tras un viaje a México, conocí a los tres hermanos arquitectos galileos. Ya le he comentado antes que son israelíes de nacimiento, palestinos y cristianos católicos, nacidos en Nazaret. Tres chicos jóvenes que llevan toda su vida aquí y que, desde su religiosidad y su arraigo con esta tierra tan compleja, conocen cosas que no te enseñan en la facultad de Arquitectura de ninguna universidad del mundo. Ellos lo llevan dentro.

»Me fui a verles a Nazaret y les dije claramente que quería hacer una iglesia en la orilla del Mar de Galilea, que ya tenía una idea muy clara de cómo quería que fuese, y que lo que quería es que me ayudaran a traducir mi idea a un proyecto arquitectónico. Les expliqué las ideas que tenía y les dije que a ver si eran capaces de ofrecerme algo interesante. Quince días después recibí un mensaje de ellos en mi teléfono móvil: "Padre, estamos listos".

»Fui a verles de nuevo a su despacho de Nazaret y he de decir que, en esa reunión, pude constatar otra vez más cómo la mano oculta de Dios, su Divina Providencia, va dibujando con tanto interés y cuidado este proyecto. Lo que me mostraron superó mis expectativas. Esos chicos galileos captaron mis ideas de manera transparente, más allá de lo que yo podía explicarles con mis palabras. Yo les conté mi idea de la barca, basada en un acontecimiento histórico sucedido en ese lugar. El hecho de Jesús subido en una barca de pescadores, colocada en la orilla, y la gente que llegaba de tan lejos, sentados todos a su alrededor. Fue asombroso palpar y ver cómo su entendimiento de mi proyecto lo captaron no con sus oídos, sino con su corazón. Hicieron un trabajo que me superó.

»Luego supe que estos chicos hicieron un ejercicio intenso para adaptarse ellos al proyecto, y no forzar que el proyecto se adaptase a ellos. Fueron al lago, se subieron a una barca y lo cruzaron navegando. Visitaron lugares de la ribera, subieron al monte, vieron los materiales de construcción de la zona, conocieron los colores del cielo y del agua al amanecer, durante el día y al atardecer. Estudiaron cómo se construía en ese lugar en tiempos anteriores y qué se podía aprovechar de esos métodos antiguos con los avances de nuestro tiempo. Realizaron un gran esfuerzo para adaptarse, para entenderlo todo. Hicieron la experiencia del Proyecto Magdala. Al final, vinieron, sacaron sus conclusiones, las dieron forma de maqueta y el resultado me encantó. Ya teníamos arquitectos y proyecto arquitectónico. Faltaba el arte con el que íbamos a vestir esta iglesia en este lugar.

»Llegado a este punto, yo tenía muy claro que este era un lugar santo del Evangelio. No iba a ser a una parroquia más, ni un santuario, ni una iglesia bonita en la que hacerse cuatro fotografías. No. Esta iglesia es un lugar donde se va a dar el encuentro entre el Jesucristo histórico y quien entre aquí. Es el punto de encuentro de una cita especial, de una cita que cambiará la vida de quien pase más allá de las puertas de la iglesia. Por eso, como en las citas especiales, todo tiene que quedar cuidado hasta el último detalle. Yo era consciente de que teníamos que hacerlo todo muy bien. Por eso, siempre he tenido claro que los materiales tenían que ser muy buenos, y que las obras de arte estarían muy pensadas y muy bien hechas. No podíamos dejar una iglesia cutre en un lugar santo del Evangelio. Con sencillez, pero con todo el amor. ¿No pone acaso el enamorado el ramo de flores más bonitas en la mesa cuando invita a cenar a su novia? ¿No coloca ese día servilletas de tela y guarda las de papel? Pues en Magdala íbamos a preparar la mejor mesa con mantel de tela para esa cita entre el peregrino que llega cansado y hambriento y el Señor que le espera con los brazos abiertos.

»Presenté el proyecto arquitectónico tanto a las autoridades locales como a mis superiores religiosos, y aunque no recuerdo bien las fechas, unos y otros lo aprobaron en un tiempo récord, absolutamente fuera de lo normal. Yo no sé si lo hicieron por inconsciencia o conscientemente, lo que sí que sé es que ha habido por aquí cerca otras construcciones recientes que, solo en aprobar el proyecto definitivo, por unas cosas u otras, tardaron hasta quince años. Nosotros tuvimos todos los papeles en regla en menos de dos. Los pocos problemas que hubo respecto a esto, se solventaron fácilmente.

»Desde la Legión me devolvieron el proyecto con la sugerencia de que, en vez de construir cuatro capillas, hubiera solo dos. La verdad es que yo suelo ser obediente y desprendido de mis ideas, pero una idea así solo podía venir de alguien que desconociera las dinámicas de las peregrinaciones en Tierra Santa, la realidad de lo que pasa aquí. De modo que preferí consultar directamente al padre Álvaro Corcuera, mi Superior General, para hacerle notar el flujo tan grande de peregrinos y la necesidad de lugares donde poder celebrar Misa. Le conté mi problema, y sobre todo, le expliqué que esa iglesia la estábamos construyendo para los próximos trescientos años, y que esta era nuestra oportunidad de dejarlo bien hecho o de quedarnos a medias. Me ordenó entonces que construyese las cuatro capillas y obedecí. De modo que en el año 2009 ya teníamos luz verde de todas las autoridades para empezar a construir. Aunque de nuevo, la hucha estaba vacía.

»Tras la visita del Papa en 2009, que prácticamente coincidió con la aprobación del proyecto, teníamos planeada otra cena de gala en Madrid. Era la segunda que hacíamos y la organizamos en Casa Mónico. Hubo una participación muy inferior a la anterior, pero fue muy significativa, muy apreciada por nosotros, porque ya eran más que públicas todas las noticias sobre el padre Maciel.

»Ahí pude mostrar a los invitados tres vídeos diferentes. Uno era sobre la visita del Papa y la bendición de la primera piedra. El segundo, una explicación de la maqueta del proyecto. Y el tercero era una visión general de cómo estaba el terreno, ya dispuesto para meter las máquinas. Lo habíamos limpiado de maleza y escombros. Habíamos quitado los bungalós del Hawai Beach y lo que no les conté a ellos es que, a penas moviendo un palmo de arena, habían salido unas piedras de arqueología. Esto a mí me dio mucho miedo, porque vaya usted a saber qué se puede encontrar ahí. Por norma general, si tú quieres hacer una construcción, encontrar piedras puede ser tu ruina. Es muy difícil que sean cosas verdaderamente importantes, pero eso explícaselo a las autoridades competentes. Bueno, aunque me asusté, no le di más importancia y pensé que serían poca cosa y que nadie se fijaría en ellas.

»De Madrid marché a México para visitar en un viaje relámpago a don Antonino Fernández y a don Alberto Segovia. Aproveché también y visité en Illinois a otro bienhechor. Este era un buen amigo de la Legión y, aunque yo estaba muy cansado por aquellas fechas, me pegué el viaje hasta Chicago para saludarle.

»Lo que recuerdo como anécdota de la Providencia del Señor es que, estando en el aeropuerto de Chicago, ya para regresar, aquello era un mundo de gente y yo me encontraba muy fatigado. Me puse en la fila de Clase Turista para hacer el checking y vi que en la de Business no había nadie. Entonces se me pasó por la cabeza la típica prueba que uno le hace a veces a Dios; en realidad, una pobre tentación, y le dije: "¡Caray Señor! Si ya me he pegado la paliza de venir a ver a este hombre, ¿por qué no haces que me den billete en Business?". Fue solo pensarlo y, en ese mismo momento, el tipo del mostrador de Business se acercó a mí y me preguntó:

—¿Es usted sacerdote católico?

—Sí, lo soy.

—Acompáñeme por favor.

»Le seguí hasta su mostrador, me hizo un billete de Business y él mismo me acompañó hasta la sala VIP. Era un católico irlandés muy simpático. Yo me quedé alucinado. Ese día aún no había hecho mi rato de meditación, así que la hice allí, absolutamente pasmado por ver cómo cuida el Señor de quienes se confían a Él, aunque un poco avergonzado, por qué no decirlo, por haber probado al Señor con una tontería como esta.

»Al regresar a Tierra Santa, con lo que me habían dado en México y en Chicago, pudimos comenzar el primer requisito legal ante cualquier construcción en Israel. Allí, el Estado, a través de la llamada Autoridad de Antigüedades, te obliga a hacer una excavación arqueológica rutinaria de análisis antes de que tú construyas nada. Según me explicaron, no tenía que ponerme nervioso, pues no suele ser algo que lleve más de un mes, y muy rara vez encuentran algo por lo que merezca realmente la pena parar el proyecto del propietario. Esta excavación se puede hacer de dos maneras. O bien la contratas tú de forma privada y, de alguna manera, tienes más posibilidades de no tener muchos problemas, o bien la pagas tú directamente a la misma Autoridad de Antigüedades y estás plenamente en sus manos. La ventaja de esta segunda opción es que el trámite es mucho más rápido, así que yo opté por ella. Había que empezar con aquello de una vez por todas.

»Termino confesando un detalle: en las múltiples presentaciones que hice del proyecto a los peregrinos, siempre salía una pregunta obligada:

—Padre, ¿qué va a hacer si encuentra arqueología?

»A lo que yo solía responder con cierta ironía, para quitarle importancia:

—Le he dado a Dios dos opciones: "O no encontramos nada, o encontramos un tesoro que verdaderamente valga la pena".

El padre termina el último sorbo de café mirando hacia Magdala, con el fondo del Mar de Galilea, y sentencia:

—Querido amigo periodista. Parece que Dios escogió la segunda.

Capítulo 13
LAS EXCAVACIONES: ENCONTRAMOS UN TESORO BAJO NUESTROS PIES

Incluso trabajando en un tesoro tan impresionante como son las ruinas milenarias de Beit Shean, la rutina puede aplacar el entusiasmo del arqueólogo más apasionado. Veinticinco años de excavaciones en esta ciudad de más de cinco mil años de antigüedad, ubicada al sur de Galilea, son muchos años incluso para el bueno de Arfan. Llegó aquí recién licenciado en la Facultad de Arqueología con la ilusión de un niño al que le dan una mochila, una pala, un mapa con una equis en medio y un mundo entero para buscar los mil secretos escondidos en él.

Con sus propias manos ha excavado en Beit Shean toneladas de arena y piedra para descubrir tesoros soñados que van desde monedas romanas hasta espadas y otro tipo de armas. Sin embargo, siendo este lugar de trabajo un privilegio para este musulmán nacido en Israel, en el corazón de todo arqueólogo siempre late el sueño de descubrir algo que no haya descubierto nadie antes. Liderar una excavación que enseñe algo nuevo del pasado a la gente del futuro. Ser el jefe del equipo que hace al mundo una fotografía de su Historia.

Cuando Arfan recibió de sus jefes de la Autoridad de Antigüedades el encargo de hacer una investigación rutinaria junto al Mar de Galilea, lo único que le motivó era el hecho de cambiar por tres semanas el escenario de sus informes. Un trabajo de documentación que pocas o ninguna ilusión podían ofrecer ya a un hombre curtido entre tanta excavación.

Una vez que llegó al Mar de Galilea y después de conocer al padre Juan Solana, Arfan se quedó mirando al lago con admiración. Un breve sentimiento de añoranza por sus inicios en la Arqueología le hicieron soñar de nuevo con la posibilidad de encontrar allí algo. Pero tras mirar ese amanecer sobre ese lago de colores luminosos, espantó aquel sueño que él ya bien sabía que era tan difícil como que le tocase la lotería, y se conformó con un pensamiento agradable. Qué bonito sería vivir aquí, junto al lago, con su esposa y sus cinco hijos, una vida tranquila.

―――――――

Cuando el padre Juan me contó sobre su amigo arqueólogo Arfán, agarró con fuerza su rosario invitándome a rezarlo con él. Los Misterios Gozosos, acontecimientos sucedidos casi todos ellos por estas tierras, dan más luz y más color al relato que, a continuación, retomó el sacerdote, mientras caminábamos por entre las propias ruinas de Magdala.

—El 27 de julio de 2009 comenzó la excavación. Curiosamente yo no estaba aquí. Había ido a León, España, donde veraneaba don Antonino. Siempre iba a visitarle en el aniversario de la muerte de doña Cinia, su esposa, que es el 16 de julio. Aprovechaba ese viaje, seguía con mis visitas de recaudación, pues el proyecto nunca paraba. Aquí, en Magdala, se había quedado como responsables Robert, quien más tarde sustituyó a Juan Pablo, y solo le pedí una cosa: que si encontraban algo, me tuviese informado al minuto.

»El mismo día que los arqueólogos empezaron a mover tierra, me empezaron a llegar mensajes de mis colaboradores al móvil, informándome de qué se iba encontrando. Que si unos muros en un lugar, que si unas piedras en otro. En realidad, nada que no supiéramos ya, pero siempre me decían que estuviese tranquilo porque eran cosas sin ningún tipo de valor.

»A mediados de agosto, cuando yo pensaba que los arqueólogos debían estar cerrando su informe y a punto de recoger sus cacharros e irse de allí, me llegó un email de Robert que me decía: "Padre, han encontrado un edificio un poco especial. No saben lo que es, pero tiene frescos, y si tiene frescos, tienen que investigar bien para ver qué es".

»Yo no le di mucha importancia. Aquel viaje que estaba haciendo fue una paliza impresionante, aunque en la línea de los que hacía siempre. Más o menos llegué a visitar veinte ciudades en treinta días. Sume a esto el cansancio acumulado de reuniones, aeropuertos, esperas, subidas, bajadas y dormir cada día en una cama diferente.

»Llegué a Jerusalén el 17 de agosto y, aunque estaba agotado, me marché a Galilea tan pronto como pude, con mucha curiosidad. Por el camino empecé a soñar despierto. Lancé la imaginación sobre qué podían haber descubierto. Recordé que los franciscanos encontraron en el suelo vecino unas piedras bizantinas con diseños geométricos y pensé que sería muy bonito encontrar algo así, aunque solo fuese para utilizar como adorno en el jardín de la casa para peregrinos, o para identificar un logotipo para Magdala.

»Ese día era shabat, por lo que, al llegar al terreno, no había nadie trabajando. Aquello estaba desierto y me di un paseo por allí. En un momento dado, llegué a un punto en el que, efectivamente, se intuía una especie de rectángulo de piedra de unos doce metros de largo por unos siete de ancho. En alguna de sus esquinas asomaba de la tierra algo parecido a una columna, y en medio había una piedra de medio metro, a ras de suelo, que tenía unos relieves esculpidos que me parecieron muy llamativos. En concreto, vi que había una especie de roseta y algo parecido a un corazón. Aunque no tenía ni idea de qué era aquello, a mí me entusiasmó. Esto encajaba con la idea que había traído en el coche.

»Seguí con mi paseo y moví una piedra grande del suelo. La moví y la volví a dejar en su sitio. Hice algunas fotos y me fui a dormir con mucha curiosidad.

»El día siguiente, domingo, volví al terreno. Había bastante movimiento y, nada más entrar, Waseem me advirtió de algo.

—Padre, ¿estuvo usted ayer aquí?

—Sí, por la tarde.

—¿Tocó algo de la excavación?

—No recuerdo, ¿por qué?

—Al parecer alguien movió una piedra donde están excavando y no les ha sentado nada bien. Se han enfadado bastante.

»Yo no podía creer que hubieran notado que yo había movido esa pequeña piedra. Al fin y al cabo, la había colocado de nuevo en su lugar.

»Pregunté a los arqueólogos si sabían qué era esa piedra de los relieves y ese edificio, y me dijeron que no lo sabían. Yo estaba allí con ellos y a mí no me parecía que hicieran mucho. La paciencia de estos hombres me sacaba de mis casillas, ya que no mueven un gramo de arena sin seguir unos protocolos que yo no entiendo y que desconozco. Como nadie me contaba nada, me fui de allí.

»En el transcurso de esa semana recibí una fotografía en el móvil. Me la mandaba Waseem y el hombre estaba desencajado. La foto mostraba una menorá, el candelabro sagrado judío, esculpida en piedra. Había salido una vez que había bajado el nivel de tierra alrededor de la roca misteriosa. Esa menorá estaba en uno de sus laterales y yo, al verla, reconozco que aluciné. No sabía lo que era… ¡pero me encantó! A Waseem, sin embargo, no le gustó nada, ya que quedaba demostrado que, fuera lo que fuera aquello que había allí debajo de sus pies, era algo judío, y Waseem es árabe cristiano. Sin embargo, los arqueólogos seguían sin decir nada acerca de aquel misterioso objeto de piedra, ni del lugar en el que se encontraba.

»El domingo siguiente, día 23 de agosto, yo estaba en la orilla de lago con algunos de los chicos que trabajaban en Notre Dame. Habíamos ido a una playa a bañarnos y nos acompañaban dos amigas de ellos, a las que yo no conocía de nada. Pasamos un rato agradable, de descanso. Cuando ya nos estábamos yendo, sonó mi teléfono. Me llamaba Arfan Najjar, el arqueólogo jefe de la excavación. Estaba realmente excitado.

—Padre, venga inmediatamente.

—¿Qué sucede, Arfan?

—Prefiero que venga usted a verlo, y que venga ya.

»Fui a Magdala con los muchachos con una tremenda curiosidad. Al llegar allí vi a un Arfan absolutamente diferente a como lo había visto siempre. Hasta ese día se había mostrado con un carácter templado, afable y reservado, un hombre calmado. Nada más verle pude adivinar que había encontrado algo importante por el brillo con el que me miraban sus ojos. Me llevó al rectángulo de piedra en el que estaba colocada esa roca y me dijo:

—Padre Juan. Mire a su alrededor.

»Me giré y me vi colocado en medio de un rectángulo formado por dos bancada de piedra a diferente nivel uno del otro. En dos de las esquinas había dos columnas, y una tercera tirada en el suelo. Casi en el medio, aunque no exactamente, estaba la misteriosa piedra de los relieves, que ya se veía entera. Tenía más o menos cuarenta centímetros de alto, cincuenta de largo y unos treinta y cinco de ancho, y estaba absolutamente repleta de formas esculpidas que a mí no me decían nada, pero que me parecían maravillosas. Encima de las bancadas se veía un pedazo de mosaico asomando por un agujero pequeño en la arena, aunque no estaba totalmente descubierto, y en un muro pegado a una columna, se veía una pared pintada. Miré a Arfan y le pedí con la mirada que me explicase donde estábamos.

—Padre. Está usted de pie en medio de una sinagoga del siglo I, y le puedo asegurar que esta sinagoga, estaba aquí en tiempos de Jesús.

»Yo me maree, y si no me caí al suelo fue porque un ángel me sostuvo. Sin embargo, antes de que pudiese coger aire y asumir esa información, Arfan me remató con las conclusiones de su investigación, aun en su fase más temprana.

—Esta sinagoga fue construida poco antes del año 10 y, por algún motivo que aún desconozco, lo que le puedo decir es que fue abandonada unos sesenta años después. Por alguna caprichosa razón del destino ha permanecido así hasta hoy, que le hamos descubierto. Es más. Esta sinagoga construida entre el año 5 y el 10, es diferente a otras. Algo pasó aquí en ese periodo que cambió la forma de pensar las sinagogas de los judíos de este lugar en esa época. Algo muy importante.

»Sin saber aún el impacto que este descubrimiento tendría sobre el proyecto, yo supe desde el primer instante que habíamos encontrado un precioso tesoro debajo de nuestros pies. A una velocidad difícil de calibrar, en menos de un segundo, yo me di cuenta de que, uniendo una serie de parámetros, podíamos discernir fácilmente que ese lugar era uno de los Santos Lugares que los cristianos veneramos como los lugares en los que estuvo Jesús.

»Los parámetros eran, y son, inequívocos. Una sinagoga judía de tiempos de Jesús, a doscientos metros del Mar de Galilea, a ocho kilómetros de Cafarnaum, y en el cruce de caminos que va desde allí hasta Nazaret o hasta Jerusalén. Me tuve que sentar un momento, y ya sentado, en esas bancas de piedra, resonaron en mi memoria las palabras del Evangelio de Mateo, que dice: "Jesús recorría toda Galilea, enseñando en sus sinagogas", y un sinfín de episodios que se dan en alguna sinagoga de Galilea sin que los evangelistas especifiquen su ubicación. Entonces, al darme cuenta de que estaba sentado en una de esas bancadas, no se me hizo difícil de imaginar la escena de Jesús curando allí mismo a cientos de personas, del griterío a su alrededor, de los sabios discutiendo, de los enfermos y pobres hombres de aquella población esperando en la puerta a recoger las migajas de la gracia que el Maestro pudiera dejar caer sobre ellos. Ellos... y sobre ella. En algún momento me sorprendí repasando las escenas evangélicas con la imaginación y me percaté de que de veras habíamos descubierto algo excepcional. Teníamos el monte donde Jesús predicaba. Teníamos el lago. Teníamos la casa de Pedro. Teníamos el desierto... pero no teníamos todavía ninguna sinagoga del tiempo de Jesús en aquella zona. El descubrimiento me emocionó profundamente. Podíamos ahora colocar en su lugar numerosos pasajes del Evangelio. Entonces, Arfan me terminó de rematar.

—Padre. Tenemos todos los datos para pensar que estamos en Magdala. La Magdala de los tiempos de Jesús, en buena medida tal y como la conoció Jesús.

»Es imposible de expresar con palabras humanas los secretos que revela Dios al corazón, pero sí se pueden expresar con gestos. Llorar es uno de ellos. Si no lo hice allí, delante de gente, fue por pudor. En realidad llevaba sin llorar mucho tiempo, aunque en ese lugar y en ese momento estuve apunto, sobre todo al acordarme de mi madre y de aquel retiro espiritual que cambió su vida años antes de que yo naciera.

»Estábamos en la sinagoga de Magdala, la ciudad de la que era María, de la que Jesús expulsó siete demonios. Y si aquello era la sinagoga, todo el campo yermo que nos rodeaba, toda la extensión de casi diez hectáreas que nos rodeaban y que habíamos comprado, escondía, a un metro apenas del suelo, el resto de la ciudad. Por segundos permanecí callado mientras se me abría la conciencia al descubrimiento que habíamos hecho. No, no era algo interesante. No era espectacular. Era algo histórico. Habíamos entrado sin quererlo en la Historia de la Arqueología judeocristiana, con el hallazgo de un pueblo del siglo primero, en la orilla del Mar de Galilea, que por las remotas razones que fueran se había conservado así desde el año 68 hasta nosotros. Íbamos a desenterrar Magdala tal y como era en tiempos de Jesús.

»Otro gesto con el que expresamos cosas que no se pueden explicar es la oración, la alabanza, el agradecimiento. El ponerte de rodillas y juntar las manos mirando al Cielo sin saber ni qué decir, pero sí sabiendo qué hacer. Porque si de todas las formas de oración la más sublime es la Eucaristía, en ese momento me di cuenta de que lo único que podíamos hacer, lo mejor, era tener allí mismo, en ese lugar que en otro tiempo fue centro de la predicación de Jesús, una celebración. Y si en los planes de la Providencia, Dios piensa hasta el más mínimo de los detalles, yo creí levitar por encima de las aguas del lago, más allá del Monte Arbel al que tantas veces mirara nuestro Señor, cuando ya revestido y preparado para celebrar la Misa en una mesa de campaña como altar, en medio de aquella antigua sinagoga, las dos chicas jóvenes que nos acompañaban comenzaron a cantar en arameo, la lengua de Jesús.

»Resulta que estas dos amigas de los chicos de Notre Dame, dos chicas francesas, habían sido durante un tiempo postulantes de una orden de clausura, las Hermanas de Belén. Estas hermanas, en su liturgia, incluyen cantos en arameo y en hebreo, y estas dos niñas, que habían dejado el monasterio, cantaban rebién. Eran solo dos voces pero parecían un coro entero de ángeles.

»En la homilía les hice caer en la cuenta de que la última vez que alguien recitó un salmo o entonó una canción en aquel pequeño recinto, lo hizo en arameo, dos mil años atrás. Y que la primera oración que esas piedras oyeron dos mil años después, lo hicieron de nuevo en arameo, la lengua materna de Jesús. Si esto no es un plan divino, diseñado por el mismo Dios, que quiere cuidar con el más mínimo de los detalles la historia de este sitio, si no ha sido así, yo estoy loco, pero moriré pensando que Dios se ha tomado todas las molestias del mundo para que este lugar santo sea venerado, cuidado y conservado como tal, para bien de los hombres y gloria de su Hijo Jesucristo.

Y para que no falte nada, quedó todo grabado, pues apareció por allí un camarógrafo que filmó todo y cuya grabación conservo en mi despacho de Jerusalén.

Lo que no cuenta el padre Juan es lo que Arfan contó a su mujer aquella noche del 23 de agosto de 2009. Que él, Arfan Najjar, había descubierto la sinagoga más antigua de Galilea, más aún que la de Cafarnaum u otras excavaciones mundialmente conocidas; y que en esa piedra misteriosa estaba esculpida no solo la representación más antigua conocida de una menorá más allá de los muros de Jerusalén, sino que era una especie de álbum fotográfico antiguo del Templo de Salomón y del Segundo Templo. Esta vez, el boleto de lotería, le había tocado a él.

Capítulo 14
MARÍA DE MAGDALA: MUJER REFERENTE EN LA VIDA PÚBLICA DE JESÚS

En medio de las ruinas de la sinagoga, abro el Evangelio por un lugar al azar. Está atardeciendo y me veo navegando por mi imaginación al compás de los versículos del texto de San Mateo. ¡Todo lo que leo habla de este sitio, y este sitio me habla de este texto! Antes de romper en emoción, el padre Juan retoma, ambos sentados en las bancadas de la sinagoga, el relato de su descubrimiento.

—Una vez que descubrimos esto, el proyecto obviamente tenía que cambiar. No significaba que hubiera que eliminarlo, solo transformarlo. Enseguida pensé en usar el elemento arqueológico del descubrimiento como herramienta catequética y evangelizadora. A partir de ahí, en el nuevo proyecto, el arte con el que vestir la iglesia cobraba un papel fundamental.

»El problema que se me presentó en el diseño del proyecto fue que si bien yo tenía muy claras mis ideas, no sabía cómo afrontar la implementación de ese arte en el lugar al que iba a llegar gente tan diferente como peregrinos interesados en Jesús, como arqueólogos, como judíos o como vaya usted a saber quien. En esa encrucijada, la providencia se disfrazó de un sacerdote chileno llamado Joaquín Alliende, que es el hermano de un buen amigo mío. En aquel tiempo era el presidente internacional de Ayuda a la Iglesia Necesitada (AIN) y había venido en peregrinación privada a Tierra Santa, para rezar y descansar.

»Gracias a Dios, el padre Joaquín se entusiasmó con el proyecto. Pensó que aquí se necesitaba ayuda y la que él me pudo dar tenía nombres y apellidos. Juan Fernández y Maria Jesús Ortiz. Son el matrimonio de artistas chilenos que le han dado a este proyecto la estética que no sabíamos darle ni yo ni los arquitectos, en lo que al arte se refiere. Ellos dos son los artistas de la alta nobleza alemana y han hecho importantes trabajos para catedrales antiguas, románicas y góticas, muy valorados. Haber contado con ellos para este proyecto ha sido una bendición.

»Me puse en contacto con Juan y vi enseguida que era una persona entusiasta y alegré. Él es pariente en no se qué grado de santa Teresita de los Andes. Nos caímos bien en esa primera conversación telefónica y quedamos en vernos en Magdala, pero cuando vino se llevó una gran decepción. Él es escultor y yo no quería esculturas para Magdala. Yo quería mosaicos, iconos y pinturas. De todo eso se ocupaba María Jesús, su esposa.

»Vinieron en otra ocasión ya los dos juntos, en noviembre de 2010, y quedaron entusiasmados. Se engancharon al proyecto enseguida. Siempre tendré que agradecer la buena sintonía que hubo entre ellos y los arquitectos. Porque entre unos y otros siempre suele pasar que unos se intentan imponer a los otros, y en mi equipo hubo solidaridad, comprensión, ganas de entenderse, y eso no lo paga un jefe. Cada uno aportó lo mejor de sí mismo. Los arquitectos su juventud, sus ganas de trabajar y de aprender, y los artistas, que son los mejores en su campo, todo su talento, experiencia y capacidad de trabajo. Creo que todos entendieron perfectamente que el proyecto, el lugar en donde está y lo que será más allá de nuestras propias vidas, son elementos que estaban muy por encima de ellos mismos.

»Trabajar con todos ellos a mí me sirvió como una preciosa escuela educativa en muchos aspectos. Recuerdo con agradecimiento a Dios unas reuniones que tuvimos todo el equipo en Alemania, en casa de Juan y María Jesús. Vinieron también los tres arquitectos de Nazaret, y nos acompañó Rodolfo de la Garza, que es el arquitecto que ha supervisado todo desde México. El trabajo fue agotador, pero más enriquecedor que un curso entero en una escuela de arte y de arquitectura juntas.

»En aquellas reuniones, una tarde surgía una idea y a la mañana siguiente ya no servía de nada, porque otro había tenido otra mejor que afectaba a muchas más cosas a la vez, no solo a una. Por ejemplo, si cambiamos el material del piso por otro que aísle más el calor, hay que tener en cuenta el color de ese nuevo material, pues va a afectar a las pinturas de la pared. Si se cambian las pinturas de la pared, hay que buscar otro técnica en la pintura, y si hay que buscar otra técnica en la pintura, a lo mejor hay que diseñar las columnas de otra manera. Si cambiamos el diseño de las columnas probablemente cambies el material del que están hechas, y eso afecta también al material que tienes que poner en el piso, y empiezas de nuevo otra vez. Ahora bien, por muy problemático que pueda llegar a ser, vivimos todos una experiencia personal muy intensa, muy rica. Cada uno de los allí presentes recibimos de la riqueza espiritual del otro, de su carácter, de su personalidad. Todo esto teniendo en cuenta que los arquitectos eran muy buenos y que Juan y María Jesús son de lo mejor en su campo. Toda esta riqueza de este equipo fue una riqueza que me encontré sin darme cuenta. La riqueza de la gente buena, sencilla, con ganas de colaborar y de construir entre todos una iglesia que fuese importante. Mi labor tan solo consistió en dejarles hacer lo mejor que supieran lo que ellos saben hacer. Debo decir también que, por inspiración de Dios, intenté transmitirles el mensaje que esta iglesia debía transmitir, y aunque no sé si lo transmití bien, ellos lo captaron perfectamente, lo cual ha debido de ser un don del Espíritu Santo, y les cuento por qué.

»Aunque soy hijo de un ingeniero, me crié muy vinculado al campo. Podría decirse que mi primer perfil descriptivo es el de agricultor o campesino. Quiero decirle con esto que si usted me quiere hacer feliz, súbame en un caballo en el rancho, pero no me ponga a construir una iglesia ni un hotel. Sin embargo, me salió en este proceso una vena artística que tenía oculta, o que el Señor me dio para este proyecto y ya está, y la verdad, en esas reuniones con los artistas y los arquitectos, no creo haber desentonado demasiado.

»En todo ese proceso de toma de decisiones, a la hora de elegir entre los mil tipos diferentes de suelo, de piedras y de colores, el reto para mí suponía lograr razonar interiormente y expresarles a ellos cual era el mensaje que íbamos a transmitir a los peregrinos que llegaran a Magdala, a través de esas piedras y colores. Por eso, primero tuve que meditar y averiguar cual es el mensaje de Magdala, y me di cuenta de que el mensaje de Magdala son dos en realidad: la mujer en el plan de Dios, y el ministerio público de Jesús.

»De entre todas las personas que siguen a Jesús, hay un numeroso grupo de mujeres que apoyan su ministerio. El Evangelio se refiere a ellas como las mujeres que servían al Señor. Esta descripción, nosotros, hombres de hoy, la traducimos a nuestro entendimiento como si fuesen las chicas de la limpieza, las fregonas. Las que barrían y cocinaban, desarrollando un papel tan importante como otros, pero secundario en el ministerio, no principal. Yo creo que eso no fue así. Yo estoy convencido de que las mujeres que acompañaron a Jesús en su ministerio público, tuvieron un papel principal en la evangelización. Fueron activos en la predicación de Jesús, con su testimonio y su acompañamiento a tantas personas que se acercaban a escuchar al Maestro. Yo no sé por qué tenemos una imagen tan secundaria de ellas, cuando ellas fueron las que se quedaron con el Señor en el momento de su muerte, junto con Juan. Y cuando a una de ellas fue a quien el Señor eligió para presentarse vivo, resucitado. Esta fue María Magdalena, y ella, María Magdalena, es la mejor forma de enseñar a los cristianos de hoy cual es el papel de la mujer en la Iglesia. ¡Qué mejor manera de hacerlo que desde Magdala! Por tanto, es indispensable preguntarse quien era María Magdalena. ¡Ese es el asunto más importante de todo este jaleo! El mensaje de Magdala es la importancia de la mujer en la predicación de Jesús, es decir, en la acción evangelizadora de la Iglesia.

»Hasta toda esta historia, yo la imagen que tenía de María Magdalena era la de la mujer pecadora y arrepentida, incluso la mujer que unge los pies de Jesús y que provoca la murmuración de los que están allí. En fin. La gente nunca ha llegado a tener claro este asunto, y esa imagen de pecadora y penitente es en realidad una interpretación nada exacta, diría yo que injusta, de lo que dice textualmente el Evangelio. Pero yo ahora discrepo de esta imagen. Quien me puso en este camino de pensar diferente sobre María Magdalena fue el entonces arzobispo de Liverpool, monseñor Kelly[1]. Él estuvo en Jerusalén en el año 2006 y cuando le conté lo que entonces teníamos de Magdala, me dijo:

—Por favor, padre. No presente a María Magdalena como a la pecadora. Ella debió de ser una mujer muy santa.

»Aunque al inició me chocó esta indicación, posteriormente me tomé muy en serio el acercarme todo lo posible, a través de la lectura y la meditación, a la realidad de quien fue esta mujer. Para ello, he mantenido también conversaciones al respecto con personas de todo tipo.

»Para empezar ese acercamiento a María de Magdala, hay que partir de una premisa, que es lo que tenemos por cierto de ella. La primera de estas cosas ciertas es que dos evangelistas hablan de ella como la mujer de Magdala de la que Jesús expulsó siete demonios[2]. Fue, por tanto, una mujer favorecida por Jesús, a la que un encuentro con Él le cambio la vida radicalmente para siempre y para bien.

---

[1] Monseñor Patrick Altham Kelly (Inglaterra, 1938), arzobispo de Liverpool desde 1996 hasta 2013. Antes había sido obispo de Salford.

[2] Lucas 8, 2; Marcos 16, 9.

«El hecho de que Jesús expulsara de ella siete demonios no significa necesariamente que fuera una pecadora. En la Historia de la Iglesia, tenemos numerosos testimonios de incluso santos a los que el Demonio ha molestado de una manera especial, en diferentes modos y grados, episodios que Dios permite para obtener un bien. ¿Por qué no pensar del mismo modo con María de Magdala?

Servidor se permite hacer un inciso para contar el caso de santa Gema Galgani, curioso y dramático caso tras el que me puso un exorcista español.

Santa Gema Galgani fue una mística italiana que murió con 25 años, en 1903. Por lo que he podido conocer, siempre quiso entrar como religiosa en un convento, pero no se lo permitieron por motivos de salud. Canonizada en 1940 por Pío XII, en el acta de su proceso de canonización consta el testimonio de diferentes personas que reconocen que el Señor permitió incluso que el Demonio la poseyese, y en ese estado la lanzaba contra los objetos sagrados, la empujaba a agredir a las personas presentes en su habitación, en la cual, en numerosas ocasiones, había un insoportables olor a azufre. El Demonio, según consta en el acta, la empujaba incluso a escupir al crucifijo y la hacía gritar y sufrir las contorsiones típicas de los poseídos. Un misionero Pasionista, el padre Pedro Pablo, declaró entonces: "El Demonio la atacaba y, controlando sus sentidos, le obligaba a hacer actos de posesa. Se tiraba por tierra, se lanzaba contra las personas y, si éstas le presentaban algún objeto de devoción, escupía al crucifijo y a la imagen de la Virgen. Recuerdo que un día me arrebató el rosario que llevaba en el cinto del hábito y me lo rompió en varios pedazos". Todo esto nos podrían parecer exageraciones piadosas si no constasen bajo juramento en el *Summarium* del Proceso de Canonización de Gema Galgani.

Una vez explicado este ejemplo tan desconocido, continúo con el relato del padre Juan:

»Hace algunos años tuvimos en Notre Dame un congreso sobre María Magdalena, y uno de los ponentes fue un conocido demonólogo español. Su tesis fue que los siete demonios a los que se refieren los evangelistas eran más bien siete vicios o defectos. A mí esta versión me pareció un poco *light* de la situación, porque cuando el Evangelio se ha querido referir a vicios o pecados de otras personas, lo dice sin más. Cuando se ha querido referir a enfermedades, también. Pero nos guste o no, cuando se ha querido referir a endemoniados y posesiones demoníacas, también ha sido explícito, haciendo una clara diferenciación entre males diferentes. Y lo que tenemos por cierto de María Magdalena no es que fuera la mujer adúltera, ni la pecadora, sino que Jesús expulsó de ella siete demonios.

»La segunda cosa interesante es que María de Magdala es la mujer más citada en el Evangelio, después de la Virgen María, y la cuarta persona también después del propio Jesús, de Pedro y de Juan Bautista. En concreto, entre los cuatro evangelistas la citan en doce ocasiones. Esto denota que su presencia fue muy importante en la vida de Jesús y en la primera comunidad cristiana. Los evangelistas la tuvieron como una referencia. Posiblemente fue una mujer fuerte, una líder que no pasó desapercibida.

»La tercera cosa es que seguía a Jesús "sirviéndole con sus bienes". Por tanto, es muy probable que fuera una mujer rica y, en este caso, generosa. Yo he reflexionado sobre cuanta gente seguía a Jesús en su predicación, cuantos eran el grupo de discípulos, y tranquilamente podemos pensar en un grupo de unas treinta personas. El Evangelio menciona explícitamente a siete mujeres, y en esos textos casi siempre se concluye con la fórmula "y otras muchas" al referirse a ellas. Además, siempre que se menciona a este grupo de mujeres, María Magdalena encabeza la lista. Siempre se la cita la primera.

»Una vez que tenemos acotado qué tenemos por cierto de María Magdalena, veamos qué se da por cierto, sin que sepamos que lo sea. Para empezar, el Evangelio de Lucas, en su capítulo 8, identifica con su nombre a María Magdalena. Se da la circunstancia que ese texto está precedido por el episodio de la mujer pecadora que enjugó los pies del Señor con sus lágrimas. Muchas personas han concluido por esto que María Magdalena es esta mujer, cuando a mí me hace pensar lo contrario. Si era ella la pecadora que cierra el capítulo 7, ¿por qué el evangelista separa ambos episodios en vez de continuar la misma narración? ¿Por qué no identifica a esta mujer como María de Magdala y sí identifica a continuación a María de Magdala como la mujer de la que Jesús expulsó siete demonios? Muy sencillo. Porque son mujeres diferentes, y de la primera no quieren decir quien era.

»Este capítulo 8 de Lucas habla de María Magdalena, de la que Jesús había expulsado siete demonios, y habla también de Juana, mujer de Cusa, el administrador de Herodes. A mí me impresiona que entre el grupo de las mujeres que seguían a Jesús hubiese una mujer tan importante como esta Juana. Su marido era el administrador de Herodes, y María Magdalena era amiga suya, por lo que posiblemente, María Magdalena se movía en un estrato social elevado. De modo que este es el único texto cierto y explícito que tenemos sobre María Magdalena. Que Jesús expulsó de ella siete demonios. Todo lo demás son hipótesis que aunque no podemos descartar, tampoco podemos afirmar como ciertas.

»Después de todo esto, María Magdalena aparece al pie de la cruz. Allí estaban con Jesús las mujeres que habían subido con Él desde Galilea hasta Jerusalén. Allí estaba la Virgen María, María Magdalena, María la madre de Santiago y de José. Estaban también la madre de los zebedeos, María la de Cleofás y otras mujeres. Me impresionan. Me conmueven y no me deja indiferente la escena. Jesús colgado de la cruz, hecho un guiñapo, jadeando y desangrado, y en primera fila del horrendo espectáculo, estaban estas mujeres a su lado. ¡Cuánto consuelo le dieron al Señor! ¡Cuánto amor demostraron! ¡Cuanto ánimo en momentos tan terribles! Ellas le confortaron en el momento culminante de su ministerio público, y no otros. Donde no estuvieron los hombres, sí estuvieron las mujeres.

»Este grupo de mujeres que acompañaron a Jesús en su muerte, estuvieron también pendientes de dónde iban a colocar su cadáver. Compraron ungüentos y perfumes. Me conmuevo de nuevo al imaginarme cómo frotaban con ellos el cuerpo roto y muerto de a quien tanto quisieron. Me conmuevo comparándolas a las mujeres de hoy en día que amortajan a sus hijos, a sus amigos. ¿Cuanto dolor y amor compartieron en el sepulcro, ungiendo su cuerpo, con el Señor? Es obvio que mientras unas estuvieron pendientes de la sepultura, otras fueron a toda prisa a comprar esos perfumes y aceites. Estas fueron mujeres valientes, fuertes, que demostraron en estos gestos una enorme entereza. Mujeres de una gran fidelidad al Señor y que de nuevo hicieron lo que los hombres no pudieron.

»Finalmente, María Magdalena aparece en los cuatro evangelios el día de la Resurrección, con unos trazos impresionantes. Primero, madrugando. Es más que probable que no pegara ojo. El día de antes había enterrado a Jesús, a su amado maestro. Y esa mañana madrugó, aún de noche, para visitar su tumba. No era capaz de desprenderse aún de Él. Tenía que seguir llorando ante su lápida.

»Al llegar allí, se conmociona. ¿Os imagináis ir al cementerio a visitar la tumba de un ser querido, al que habéis enterrado un día antes, y que la tumba esté abierta y vacía? Ella entra en crisis por momentos. Se bloquea. Debió de pasar de todo por su cabeza. Que si han robado el cuerpo, que dónde lo han llevado, que quienes han sido y que dónde lo han puesto, y por qué. Entonces, deambulando desconcertada por allí, se encuentra con un hortelano, con un desconocido. A esas horas no hay nadie más aún, y ella imagina que ese hombre ha debido de ver qué ha pasado. De modo que le reclama. Discute con él. No creo que fuese una conversación en tono amistoso. María Magdalena estaba rota y desconcertada y seguramente le reclamó con fuerza por saber qué había pasado con el cadáver de Jesús. "¿¡Donde está!? ¡Tú lo has tenido que ver! ¿Qué ha pasado con Él?".

»Finalmente, ella reconoce a Jesús, y lo hace en un momento que yo veo impresionante. Jesús la llama por su nombre. "María". En ese momento, ella le reconoce. Debió de ser por la entonación, por la voz, por el gesto. A nosotros nos pasa también. Sabemos quien nos habla por cómo pronuncia nuestro nombre. Sabemos incluso si quien nos llama está de buen humor o no. Cuando nuestra mamá nos llamaba de pequeños por nuestro nombre, sabíamos que era ella. Incluso adivinábamos si nos quería decir algo bueno o si nos quería regañar. Pues bien, a María de Magdala le pasa esto. ¡Imagine la explosión de alegría en su corazón en ese momento! Del desconcierto de ver el sepulcro profanado, al desconcierto de ver a Jesús vivo, y no muerto. ¡Ella vio su cadáver! ¡Ella ungió su cuerpo muerto! ¡Y ella le reconoció al llamarla por su nombre! Esta alegría del encuentro de María de Magdala con Jesús es la alegría en la que los cristianos hemos de vivir nuestro día a día. Ella, María de Magdala, es nuestra maestra en la alegría de la Resurrección.

»Nada más reconocerlo, María se da cuenta de quien es y le dice: ¡Rabboni! No le llama Rabí, que quiere decir Maestro. No, ella le llama rabboni, que quiere decir "mi maestro". Reconoce de esta manera que el que está vivo ante ella es Jesús y no otro. El Jesús que tanto la dio, al que tanto debe y al que perdió dos días atrás. ¡Rabboni!

»Hay una cita del libro de los Hechos de los Apóstoles que me impresiona. Dice el texto previo a Pentecostés que estaban reunidos en el Cenáculo unos ciento veinte discípulos que habían subido con Jesús desde Galilea. El libro de los Hechos no dice que el Espíritu Santo bajase solo sobre los Apóstoles y la Virgen María. Lo que dice el libro es que descendió sobre "todos". Por tanto, no se puede descartar que no estuvieran ahí esas mujeres fervorosas, constantes, fieles, que habían vivido la Verdad de su vida con Jesús. Por tanto, aunque sea discutible, mi opinión es que a estas mujeres también las santificó el Señor, dándoles dones especiales para testimoniar la vida, muerte y resurrección de Jesús, como hizo con los apóstoles[3].

»No olvidemos que la primera palabra de Cristo, una vez resucitado, es "mujer". El Señor le dice a María: "Mujer, ¿por qué lloras?". Jesús se encuentra con María Magdalena, con una mujer, antes incluso que con el Padre, pues como bien dice enseguida, Él aún no ha subido al Padre. Esta María con la que se encuentra Jesús resucitado es el modelo de la nueva humanidad, ya redimida, ya liberada. Es la primera testigo de esta nueva existencia. Yo siempre relaciono esta imagen de María Magdalena y la de Juan al pie de la cruz como la de la nueva Eva y el nuevo Adán.

»Cuando hablamos del ministerio público de Jesús y de este grupo de mujeres que le seguían, hay que tener en cuenta una cosa para entender su papel. Estamos hablando del Hijo de Dios vertiendo la revelación de Dios en un grupo de personas, para que ellos la vivan y la transmitan al resto de personas, y desde ellos a todas las generaciones. Imaginen la importancia de estas mujeres en la comunidad de discípulos de Jesús. Yo imagino las conversaciones que se darían entre ellas tras una enseñanza de Jesús, las preguntas que se harían y que le harían personalmente a Él. Imagino la aplicación que en la vida real harían de esas enseñanzas. Ellas, al oír a Jesús, se acordarían enseguida de personas a las que ayudar en su caso concreto de vida, contándoles lo que Jesús les contó a ellas. Se acercarían a personas que ellas conocían, y les darían testimonio personal, con el toque de ternura y de femineidad propio de la mujer. La vida de esta pri-

---

[3] Leer Hechos de los Apóstoles 1, 14-15; y capítulo 2.

mera comunidad y su actividad evangelizadora sería impensable sin ese elemento femenino de las mujeres. En toda esa labor, en todo ese trabajo, la líder era María de Magdala. Una motivadora, una trabajadora incansable, un testimonio vivo de lo que Jesús les contó a ellos. No, estas mujeres que comandaba María Magdalena no eran solo las que cocinaban y lavaban la ropa. Ellas aprovechaban esta labor doméstica y su condición femenina para evangelizar con su testimonio y su palabra. Sí, lavando la ropa y cocinando, evangelizaban.

»Yo imagino a estas mujeres secundando las enseñanzas de Jesús, aplicándolas a las personas que ellas conocían, a los casos concretos, y facilitando que los que más lo necesitaran, hablasen en persona con Él. Gente que o no podían o no se atrevían a pedirlo. Yo creo que los discípulos de Jesús oyeron muchas de sus parábolas y enseñanzas decenas de veces, repetidas en cada aldea o en diferentes momentos, de modo que ellos vivían rumiando constantemente las enseñanzas del Señor. Sin duda, en todo el papel de la evangelización y de la primera propagación del Evangelio, las mujeres tuvieron un papel fundamental, y María de Magdala siempre ha sido señalada por los Evangelios como la principal de entre ellas, salvando las distancias con la Virgen María, obviamente.

»Hay que tener en cuenta también que el grupo de discípulos es muy importante. No se limita solo a los apóstoles. Ellos son los pastores. Pero la Iglesia la construyen entre todos. Ahí estaba, lo sabemos, Matías, que fue elegido de entre los discípulos para sustituir a Judas en el grupo de doce. Pero también estaba José, llamado Bernabé, que fue el otro candidato. Ambos seguramente formaban parte de ese grupo de 72 que fueron enviados por el Señor, luego estamos hablando de una comunidad grande, de una frenética actividad en torno a Jesús, en medio de la cual las mujeres daban todo de ellas. Trabajo y testimonio. Testimonio y trabajo. Entre ese grupo se formaron familias, posiblemente, las primeras iglesias domésticas que bebieron el Evangelio directamente de Jesús, y en esas iglesias domésticas, familias cristianas, la más activa en la conservación y transmisión de la fe, ha sido y sigue siendo la mujer. Es ella la que realmente construye la Iglesia. Es ella la que de verdad da a luz a hijos cristianos. Los hombres, los sacerdotes, administramos la Iglesia y los sacramentos, pero las mujeres la sostienen dándole hijos.

»En este sentido, he leído y escuchado, en varias ocasiones, diferentes análisis de personas feministas muy radicales que denuncian que la Iglesia ha sido muy machista, borrando de la memoria colectiva el importante papel de la mujer en la Iglesia primitiva. Es posible que haya sido así, pero no creo que la razón haya sido que la Iglesia sea machista, sino porque el curso de la Historia de la Humanidad ha dado siempre mayor protagonismo al hombre. Lo que es seguro es que ese grupo de mujeres que acompañó a Jesús fue un grupo activo, entregado, dinámico, importante. No pasivo, sino protagonista en la recepción y transmisión del Evangelio. Esto me da para hablar de un presentimiento fuerte que yo tengo sobre Magdala, algo con lo que sueño dormido, y también despierto.

»Los estudiosos del Nuevo Testamento hablan de un origen común de los evangelios en la denominada Fuente Q. Esta Fuente Q es un evangelio prepascual, anterior a Jerusalén, que se supone que existió, pero que no se conserva. Una especie de colección de dichos y enseñanzas de Jesús que circulaban ya por escrito por entre los primeros grupos de discípulos y entre las multitudes, antes de la Pasión, durante la vida de Jesús. Es una teoría fundada. Si eso es verdad y esa recopilación de citas de Jesús existió, no me extrañaría que alguna o varias de esas mujeres hayan tenido parte importante en la narración de los hechos como testigo de ellos, ante la persona que se preocupó por recogerlos escritos. A esta luz, encuentro un sentido muy amplio de ese famoso grito de María de Magdala: ¡Rabboni! Porque si Él es mi Maestro, yo soy su discípula. Esta es una llamada fortísima a las mujeres cristianas de hoy, madres de familia, trabajadoras o profesionales, esposas, religiosas o consagradas, solteras o separadas por las circunstancias que haya deparado la vida, a dar testimonio de Cristo en su ámbito de vida, el que sea. ¿Eres discípula de Jesús?

»Ese presentimiento fuerte que tengo sobre Magdala y con el que sueño es muy atrevido, pero yo lo tengo. El Señor se ha tomado muchas molestias porque Magdala salga a la luz, con su sinagoga y sus demás tesoros escondidos. Yo siempre me he guiado por estas inspiraciones o presentimientos que se me dan en la meditación, y este es la posibilidad de encontrar en las excavaciones un testimonio poderoso de la presencia de Jesús en Magdala. Un testimonio directo de la vida de Jesús que diera fe de algo que aconteció allí con Él, y que no está escrito en los evangelios.

»En una ocasión llamé al padre Friedrick Manns. Es un franciscano croata nacido en Bosnia, que lleva viviendo en Tierra Santa buena parte de su vida. Dirigió durante años la Facultad de Ciencias Bíblicas de Jerusalén, y es uno de los hombres más sabios en lo que a Historia Judeocristiana se refiere. Le pregunté cómo debía de proceder si encontraba algo importante en Magdala, pensando en el modo de proteger y custodiar lo que encontrara. Él me respondió sorprendido:

—¿Usted pretende encontrar algo más importante aún que lo que ya encontró con esa sinagoga?

»Yo iba encaminado a la posibilidad de encontrar algunos escritos, pergaminos o algo así. Quizá en mi subconsciente estaban presentes los manuscritos de Qumram. El padre Manns me dijo que lo veía complicado porque en Magdala hay mucha humedad, pero que no lo ve imposible. Me contó por ejemplo cómo en Gamla, ciudad destruida por los romanos poco tiempo después que Magdala, se encontraron no hace mucho unas tablillas de algún metal con unas citas inscritas que tenían relación con la Biblia. Estas tablillas eran de tiempos de Jesús. Por lo tanto, los métodos existían en ese tiempo, y nunca se sabe qué se puede encontrar en una excavación. Algo similar se encontró en Qum Ram

»Hipoticé también con el padre Manns si podía investigar Magdala manejando la posibilidad de que Jairo fuese el Jefe de la sinagoga de Magdala. Me dijo que dado que el evangelio no dice de qué ciudad era la sinagoga de la que Jairo era Jefe, mi obligación era trabajar con esa hipótesis. Por tanto, imagínense si encontramos un mosaico, una tablilla o un pergamino que atestigüe que Jairo fue el Jefe de esta sinagoga. Eso significaría que Jesús resucitó aquí a su hija.

»El padre Manns me aconsejó el estudio de los Padres de la Iglesia, sobre todo de los palestinos. Ellos tenían referencias muy ligadas a la geografía de la zona y posiblemente me podían aportar pistas sobre edificios o lugares y sobre acontecimientos ocurridos en Magdala.

»La cosa es que una vez que se profundiza y se limpia la imagen de María de Magdala, separando el polvo de la paja, queda el reto de cómo representarla en el arte. De modo que aquí entra de nuevo María Jesús, la artista chilena.

»Diseñamos entonces un mosaico atrevido, muy original, nunca representado en el arte referido a María de Magdala y que, en cambio, refleja algo de lo poco que tenemos por cierto de su vida.

»A María Magdalena casi siempre se la representa como penitente o como pecadora, y eso es una interpretación posiblemente errónea. De modo que yo elegí para su representación artística el episodio de su exorcismo. El Evangelio es claro. No habla de curación, como en otros casos, ni de otra cosa. Habla explícitamente de expulsión de siete demonios. En el mosaico que hicimos aparece María Magdalena de pie, frente a Jesús. De ella salen siete demonios. Uno de ellos tiene forma de serpiente y sale de su cuerpo enredándose en un árbol, haciendo hacia la tierra el camino inverso que solemos ver en la tentación de Eva. Los otros seis tienen forma de diablillos, de sombras negras. Las manos de Jesús y de María recuerdan, veladamente, a las manos de Dios y de Adán en la representación de la creación del hombre que hay en la Capilla Sixtina. En ese caso es la creación del hombre, y en el de Magdala es la recreación de la mujer, porque Jesús le está dando una vida nueva. Tenemos a María con los pies dañados y los vestidos raídos en las piernas, sucios, rotos, y conforme va subiendo la escena, los vestidos se van blanqueando y la escena va mejorando a medida que va subiendo, hasta llegar al rostro de María, que está transfigurado en alegría.

»María Magdalena es una mujer nueva que sale del poder redentor de Cristo para emprender una vida nueva. Esta es María Magdalena, las demás son hipótesis. Les voy a decir algo muy importante sobre María de Magdala, aquella mujer amiga de Jesús, amiga cercana de la Virgen María, testigo primera de tantas cosas que acontecieron en la vida del Señor. Todo el mundo se pierde pensando quien era María Magdalena antes de conocer a Jesús. Que si era la pecadora, que si era la hermana de Lázaro… Verán. Lo importante de María Magdalena no es quien era antes de conocer a Jesús, sino quien fue después. Una líder. Una apóstol. Una mujer que dio testimonio de su conversión y de su vida nueva ante los hombres de su tiempo. Lo importante que nos deja María de Magdala es el impacto que tiene un encuentro con Jesús en la vida de los hombres, vengan de donde vengan y hayan sido lo que fueran. Por tanto, en el concepto de la iglesia de Magdala como iglesia dedicada a la mujer, no podía haber omitido un sentido teológico fuerte de esta mujer que revierte la posesión del demonio para ser posesión de Dios. Ella es referente para nosotros gracias al poder salvífico de Cristo. Ella es una luz, un camino, un testimonio de que para nosotros también hay otra oportunidad, sea cual sea nuestra realidad en esta vida.

Intentemos traducir esto con sencillez a situaciones de la vida actual. Una mujer fracasada de su profesión o desencantada con ella; otra herida por un trauma post aborto. Otra, denigrada en sus sentimientos y en su honor, y así la lista podría ser infinita, y le aseguro que la realidad llega mas allá que nuestra imaginación. María Magdalena nos viene a decir: "No importa". La mano de Jesús, Hijo de Dios, apunta hacia ellas no para condenarlas, no para subrayar su situación denigrada, sino porque quiere darles una nueva existencia, como hizo con María de Magdala. Posiblemente, otros remedios a todas estas situaciones añadan desilusión y tristeza, pero así no Jesús, el Hijo de Dios, hecho hombre para nuestra salvación. El encuentro con Jesús en medio de la vida, se venga de donde se venga, cambia esa vida para bien, para mejor, para llenarla de esperanza y gozo, de alegría, sin importar lo que haya sido antes.

»En este punto de mi narración recuerdo una anécdota del nuncio apostólico en Israel, Monseñor Antonio Franco. Este había sucedido a Pietro Sambi, y estuvo aquí desde 2006 hasta 2013. Precisamente el tiempo en que se ha desarrollado el Proyecto de Magdala, participando mucho en él con su apoyo. La anécdota sucedió un día Pascua que el Nuncio vino a comer a Notre Dame. En la sobremesa salió la conversación de cual debía ser el título de la iglesia de Magdala. Abundaron los comentarios y por la tarde, todos nos fuimos a nuestras tareas. Siendo ya tarde, me telefoneó monseñor Franco para decirme:

—Padre Juan, me quitó el sueño durante mi siesta. Estuve pensando que la iglesia de Magdala tiene que estar centrada en la Misericordia de Dios. ¡La Misericordia! ¡Ese el mensaje central del Amor que Jesús tuvo con Maria Magdalena!

Capítulo 15
MEDJUGORJE, BOSNIA
Y HERZEGOVINA (2012)

—¿Ha oído usted hablar de Medjugorje[1]?

—Un poco, padre[2].

—Pues viví una experiencia relacionada con Medjugorje que me dio mucha luz para el Proyecto Magdala. Puede resultar interesante para este libro. ¿Se la cuento?

—Adelante.

—Resulta que antes de ir a vivir a Estados Unidos, cuando vivía en el norte de Italia, conocí a mucha gente que iba con frecuencia a Medjugorje. Le hablo de los años ochenta, cuando el pueblo aún pertenecía a la Yugoslavia comunista. Le puedo asegurar que todos los amigos que fueron allí, regresaban profundamen-

---

[1] Medjugorje es un municipio ubicado en Bosnia y Herzegovina en el que la Iglesia Católica estudia un posible caso de apariciones marianas desde 1981, estudio cuyas conclusiones aún no se han hecho públicas al término de este libro.

[2] En 2009, el autor de esta obra había publicado un amplio reportaje sobre el fenómeno, en un libro titulado *Medjugorje*.

te tocados por una gracia de Dios. Su testimonio era siempre el de una intensa experiencia de lo divino, un misterio difícil de explicar que percibía más en sus caras y gestos que en las palabras con que lo trataban de contar. Me tocaron de cerca algunos casos realmente llamativos, casos de una verdadera conversión que yo palpé en persona. Hablo de gente a la que conocía bien y que siendo de una vida digamos ordenada y cómodamente cristiana, pasaron de la noche a la mañana, como si les hubiese impactado un rayo de la Gracia, a ser apóstoles, evangelizadores incansables y entusiastas. Gente normal que se acercó profundamente a la mística de la oración y de la caridad en una acción intensa, entregada y auténtica. Regresaban de allí como si hubiesen vivido Pentecostés.

»Yo viví directamente una cosa curiosa. Fue en 1998. Un padre legionario que estaba en Italia y que dependía directamente de mí, me dijo que iba a Medjugorje invitado por unos amigos. Me pidió que enviase a algún novicio con él para ayudarle como asistente. Yo se lo dije a uno cualquiera que pasaba por allí y este muchacho, un mexicano, se puso feliz.

»Cuando llegó el día de la marcha, bajó el chico con su maletín de viaje. Era el típico novicio despistado que va por el seminario más lleno de entusiasmo que de realismo, como me pasaba a mí en mi noviciado. Cuando estaban cargando el equipaje en el coche, el padre le preguntó tranquilamente:

—¿Trae usted su pasaporte, verdad?

—Pues no padre, no lo tengo. Me caducó y se está tramitando, pero ya sabe usted que esto se demora. Aún así tengo un resguardo.

»El padre vino a mi despacho con cara de perros. Este muchacho no podía viajar así y debían partir enseguida. De modo que salí como un rayo al pasillo y al primer novicio que pasaba por allí, le agarré de la sotana y le pregunté:

—¿Tiene usted pasaporte en regla?

—Sí, padre. Claro que lo tengo.

—Haga su equipaje inmediatamente. En cinco minutos se marcha a Medjugorje.

»Le recuerdo perfectamente. Era un muchacho de Puebla, paisano mío. La cosa es que se quedó petrificado, mirándome como si hubiese visto una aparición.

—¡Espabile, hombre! ¡Lleve equipaje para una semana!

»Salió corriendo como el viento y en dos minutos estaba abajo. Colocó en el maletero una pequeña bolsa y se marchó con su pasaporte en la mano.

»Cuando regresó, este novicio pidió inmediatamente hablar conmigo. Me contó algo muy simpático. Resulta que el día que yo le ordené marcharse, por la mañana, apenas un rato antes, él había bajado al jardín y, no sabía por qué, le había pedido a la Virgen María ir a Medjugorje al menos una vez en su vida. Claro, cuando yo salí del despacho y le ordené marcharse, el hombre casi se murió de la impresión. Es el padre Amedeo Martínez, que hoy trabaja en Brasil.

»Ya estando en Jerusalén, el padre Sergio Córdova, que vivía conmigo allí, se marchó con unos peregrinos italianos a Medjugorje. Al regresar vino trastocado. Algo le había pasado, y como aquel novicio años atrás, pidió hablar conmigo.

—Padre Juan, tenemos que hacer algo en Tierra Santa.

—¿A qué se refiere? Ya hacemos muchas cosas aquí.

—Padre. En Medjugorje hay una vida sacramental y de oración impresionante. No entiendo por qué aquí no la vivimos así de intensa.

»El comentario del padre Sergio me dio bastante fastidio, si le digo la verdad. Pensé que se me había metido en casa un *medjugoriano* entusiasmado y eso, no me gustó. Sin embargo, su juicio coincidía con el mío en cuanto a que en demasiadas ocasiones, la experiencia espiritual en Tierra Santa deja que desear, por raro que pueda parecer. De modo que aunque el comentario me fastidió, me dieron más ganas aún de ir a Medjugorje, por ver cómo hacían allí los padres franciscanos y tratar así de traer a Tierra Santa lo que fuera que había en Medjugorje.

»Sin proponérmelo, tuve la oportunidad de visitar Medjugorje en 2012. Me invitó un grupo de peregrinos españoles que pasó por Notre Dame. Aproveché un viaje a Alemania en el que tenía que trabajar con Juan y María Jesús. Teníamos que terminar algunos detalles de las capillas de la iglesia y algunas cosas más. De allí partí directamente a Medjugorje. Recuerdo que de camino al aeropuerto tuve con Juan una conversación de lo más interesante. Fue sin quererlo un preludio de mi peregrinación. Él me habló de una cosa curiosísima, de un carisma del Espíritu Santo que era algo así como la oración infusa, una actividad casi involuntaria de oración, que te brota del corazón sin proponértelo. Yo nunca había oído hablar de este asunto, al menos de una manera tan encarnada como él me explicó en ese trayecto, y remató su exposición diciéndome que había una mística alemana de nuestro tiempo que decía que ese don, ese carisma, que se había perdido en la Iglesia por no sé qué circunstancias a los largo del tiempo, se estaba recuperando en la Iglesia a través de Medjugorje.

»De todo esto, yo pensé dos cosas. La primera fue que ese don, Dios me lo regaló a mí desde siempre. Nunca me había costado la oración y, como superior de novicios que fui, sabía muy bien de la batalla que suponía para muchos la vida de oración. Yo rezo sin darme cuenta, y cuando me voy a poner a hacer meditación, o a rezar el rosario o celebrar Misa, muchas veces me doy cuenta de que ya estaba rezando antes. Esto que me explicó Juan me abrió los ojos y me di cuenta de que Dios, en su misericordia, posiblemente me había bendecido con ese don, sin yo merecerlo.

»En segundo lugar, lo que me dijo Juan fue el último puntillazo para tener una inquietud grande por visitar Medjugorje y ver con mis propios ojos qué pasaba allí. De modo que ese mismo día, 10 de mayo de 2012, llegué allí. Eran las cinco y media de la tarde y mi grupo de españoles llegaba más tarde que yo, por lo que nada más dejar mis cosas en la pensión, me fui a la parroquia a dar un paseo, hacer tiempo y familiarizarme con aquello.

»Lo primero que me llamó la atención es que en los alrededores de la parroquia había un mundo de gente. Lo segundo es que pagué la novatada del sacerdote recién llegado que anda por allí despistado. Se me acercó una señora y me pidió confesión. Yo, muy gustosamente, me senté a confesarla pensando, iluso de mí, que podría celebrar Misa a las siete de la tarde. Pero tras esa señora vino a confesarse un aluvión de personas. Me levanté a las once de la noche, y aún había gente a la que mandé a casa. Como le digo, pagué una hermosa novatada, y es que si te sientas en un confesionario de Medjugorje, puedes no salir durante días de él.

»Pasé en Medjugorje cuatro días inolvidables, que dejaron una profunda huella en mí. Fue una preciosa experiencia de Dios y de Iglesia, altamente recomendable. Yo no vi nada extraordinario ni raro de tantas cosas que te cuentan, pero si que viví algo que me marcó. Algo personal e íntimo. Fue el 13 de mayo, fiesta de la Virgen de Fátima. Me levanté temprano y fui a la parroquia a hacer mi meditación. Serían las siete de la mañana y, al entrar, vi que se estaba celebrando una Misa en algún idioma que no reconocí. Me dio apuro entrar, pero luego me di cuenta que ese grupo de peregrinos estaban a lo suyo y que si yo me sentaba por allí, no les molestaba para nada. De modo que me busqué un lugar frente a la imagen de la Virgen que hay en un lateral y allí me quedé.

»Al poco de llegar hubo un caso de esos que llaman de descanso en el espíritu. Yo no lo había visto jamás. Una mujer se cayó al suelo como desmayada y nadie se inmutó. Yo seguí como si nada y, a los cinco minutos, esta señora se levantó y se incorporó como si tal cosa, con una sonrisa de oreja a oreja y ya. No le di más importancia y me arrodille ante la Virgen para seguir con mi meditación.

»No sé qué pasó, ni cómo. No sé cuanto tiempo pasó, pero cuando me quise dar cuenta yo estaba allí llorando desconsoladamente. Sollozaba como un niño, con un llanto incontrolable pleno de alegría, con una enorme paz. Como le digo, no sé cómo empezó ni por qué, pero le aseguro que era maravilloso. Creo que experimenté el amor de Dios. Debió de ser algo así, no lo sé explicar mejor. Lo que sí que le puedo decir es que fue tan agradable que yo no quería que acabara, y duró un buen rato. Yo no paraba de llorar y, curiosamente, a la gente le daba igual. Los peregrinos allí lo dan como normal. A lo que voy es que recibiendo ese don tan impresionante y que tanto bien me hizo, el Señor me regaló dos luces más para el Proyecto Magdala.

»La primera de ellas fue sobre el voluntariado. En Magdala, en las excavaciones y ayudando por allí, yo había iniciado con algunos chavales una experiencia de voluntariado, pero siempre lo hice desde un punto de vista práctico. Yo los aceptaba como voluntarios durante unas semanas o meses, y ellos trabajaban gratis. Así ellos se iban a casa con una experiencia fuerte de Tierra Santa y yo adelantaba trabajo, en las excavaciones sobre todo, pues hacen falta muchas manos para desenterrar lo que hay allí debajo.

»Sí que es cierto que yo ya había visto conversiones importantes entre algunos de los voluntarios que habíamos tenido. Además, luego ellos se convierten en embajadores de Tierra Santa y de Magdala en el lugar de donde proceden. Pero aquella mañana en Medjugorje comprendí que los voluntarios de Magdala eran mucho más que todo eso. De hecho, empecé a pensar el pedir a quien competa en Roma que nombren a María Magdalena patrona de los voluntarios. ¡Es tan obvio! Aún hoy me sorprende cómo no se me ocurrió antes, pero bueno.

»Allí me di cuenta de esa semejanza entre la labor de María Magdalena y los voluntarios de Magdala. Al fin y al cabo, María fue voluntaria de la primera comunidad cristiana. Ella sirvió a Jesús y a la comitiva que lo seguía. Trabajó gratis al servicio del primer evangelio, como lo hacen hoy los que vienen a Magdala. De modo que, en Medjugorje, empecé a pensar el tema de los voluntarios como algo vivo, importante, sirviendo en la vivencia de la fe a los peregrinos que vengan a Magdala.

»En Magdala van a ver un lago, una iglesia, un montón de piedras, pero quienes le van a poner corazón, rostro, voz y amor a ese conjunto de cosas, son los voluntarios. Ellos son los sucesores de aquellas primeras mujeres voluntarias del Evangelio. Ellos son las piedras vivas de Magdala. Ellos son la continuación del espíritu vivo de María de Magdala... en Magdala.

»La segunda luz que se hizo visible en Medjugorje referente al Proyecto Magdala, fue la culminación de una inquietud que ya tenía desde que llegué a Tierra Santa, y que allí le pude dar forma. Esos días de Medjugorje pude disfrutar muy fácil de la oración, participando en los ratos de oración comunitarios, en la adoración eucarística y en las oraciones de sanación que se hacen en la explanada exterior. Ahí me di cuenta de que eso, lo que se hace allí, es lo que teníamos que hacer en Magdala: un lugar de oración activo, en el que cada día hubiese un programa al que todo el mundo que ese día esté pasando por Galilea, se pueda sumar. Estando allí, en Medjugorje, me pregunté: "¿Por qué vamos a atender solo a nuestros peregrinos? ¿Y los demás?". Todo cobró forma de golpe. Ofrecer cada día un rato de oración frente al lago, al atardecer, en el que pueda participar la gente que ese día visita la zona. Un momento hermoso, tranquilo, profundo de oración que, como hacen en Medjugorje, iría acompañado de una música acorde y algunas pequeñas meditaciones, sin excederse. Al fin y al cabo, este lugar no necesita de muchos efectos especiales para introducirte en la oración.

»Pensé entonces en construir una rampa junto al lago. Los peregrinos que quieran meter sus manos o sus pies en el agua, podrían hacerlo. Sería una lectura interactiva de tantos pasajes del Evangelio. Si eso lo acompañamos de oraciones programadas, asistencia de sacerdotes para confesar, y un buen equipo de música cristiana, estaríamos engarzando la primera evangelización del lago con la Nueva Evangelización. Estoy convencido de que Dios mismo tocaría miles de corazones de nuevo en este lugar santo.

»Pensé también que, en ese programa, era primordial la predicación. Deberíamos escoger una serie de pasajes del Evangelio sucedidos en Galilea, en el Mar, a la orilla del lago, y una serie de predicaciones que hizo Jesús allí. Algo muy abierto a todos, buscando lo que nos une, y en Galilea esa unión es la predicación de Jesús.

»En Medjugorje, la mayoría de gente que hay son cristianos católicos de cultura occidental. En Tierra Santa no es así. Aquí vienen todos los cristianos del mundo. Esto es el Centro Mundial de la Cristiandad. En Magdala se nos podrían juntar un grupo de peregrinos protestantes africanos, un grupo de carismáticos latinos, y una monjas ortodoxas rusas que vienen de ejercicios. La sensibilidad de toda esa gente no tiene nada que ver y, sin embargo, todos están unidos en la misma fe: Dios, hecho hombre en Cristo, murió y resucitó para pagar por nuestros pecados y triunfar sobre nuestra muerte. Por tanto, me di cuenta de que en Magdala, siendo yo católico, debería plantear un lugar también para otros cristianos que compartan mi fe en Cristo, aunque no compartan los sacramentos o la devoción a la Virgen María, por ejemplo. Lo que Jesús hizo en Galilea más que otra cosa, fue predicar a todas las gentes. Por eso tengo el convencimiento de que en Magdala hay que predicar. ¡Tenemos que predicar a todos los hombres que vengan por allí!

»En ese ámbito de oración comunitaria, debería haber cantos bonitos que eleven el alma, que la calmen y la mezan en las manos del buen Dios. Pensé también que todo ese acto diario, abierto a todo el mundo, debía terminar con dos elementos. El primero, un gesto de paz, de caridad fraterna. Me encanta pensar que gente de diferentes confesiones se abracen en torno a ese lago. El segundo, que todos juntos recemos el Padrenuestro, en arameo. En la lengua en la que nos lo enseñó nuestro señor. Creo firmemente que si lo empezáramos a rezar o cantar con un buen canto aquí, en pocos años lo conocería así, en arameo, toda la cristiandad del mundo. ¡Hay que recuperarlo!

»Al mismo tiempo que todas estas ideas iban tomando forma mucho más deprisa de lo que yo las he podido asumir, me di cuenta de una cosa. Todo esto fue en el año 2012, cuando ya estaba todo lanzado, pero cuando pongamos toda esta actividad en marcha, sumada al parque arqueológico, a la casa de peregrinos y todo lo demás, la llegada de peregrinos y de voluntarios será masiva. Este proyecto va a ser la inspiración de un movimiento de voluntariado de la evangelización, y se da una circunstancia que ahora me molesta un poco. Hasta Medjugorje siempre pensé que me había pasado comprando ocho hectáreas de terreno, pero a partir de ahí me di cuenta de que Magdala se nos va a quedar muy pequeño.

»Me di cuenta de que siempre pensé Magdala como un lugar de peregrinación no para ahora, sino para dentro de veinticinco años en adelante. Por eso el Señor siempre puso en mi corazón un proyecto a lo grande. Esa ha sido la razón de una inversión tan alta, de tanto trabajo, de tantas cosas. Porque Dios ya sabe cuanta gente vendrá a este lugar en busca de Jesús. Esta iglesia no es una iglesia para nosotros, sino que, como las antiguas catedrales, es para los hombres de dentro de trescientos años o más. Solo Dios lo sabe, pero yo tengo la certeza de que Tierra Santa, con todas sus controversias y dificultades, juega ya un papel fundamental en la Nueva Evangelización.

»Esas dos luces me traje de Medjugorje. Allí viví un momento de consolación interior que hacía mucho tiempo que necesitaba, que hacía mucho tiempo que no tenía. Desde entonces no lo he vuelto a tener, al menos con tanta claridad y nitidez interior.

—Padre, es impresionante lo que cuenta de ese lugar.

—Sí, da para al menos un libro. Pero no nos desviemos. Ya he hablado del papel de la mujer en el Proyecto Magdala. Ahora le voy a explicar el papel del Proyecto Magdala, en las mujeres de nuestro tiempo.

Capítulo 16
MAGDALA: CENTRO INTERNACIONAL PARA LA MUJER

El padre Juan vivió en Medjugorje una asombrosa experiencia de Dios. Es en estas situaciones donde cobran una importancia diríamos pericial los llamados frutos, las consecuencias tangibles y visibles derivadas de un evento intangible imposible de explicar con exactitud. De otra peregrinación a otro lugar de Europa surgió otro fruto enorme relacionado con el Proyecto Magdala. Tal vez más que una peregrinación, este otro viaje fue una visita. Resulta que un tiempo antes de ir a Medjugorje, un periodista francés invitó al padre Juan a Marsella, en el sur de Francia, y de allí le llevó a conocer un santuario relacionado con María Magdalena[1] donde se veneran unas reliquias que, según la tradición, pertene-

---

[1] Basílica de Saint-Maximin-la-Sainte-Baume, cerca de la Costa Azul y de la ciudad de Toulon. Según una tradición nacida en siglo VIII, en esta basílica se conserva la calavera de María Magdalena y un pedazo de la piel de su frente.

cieron a ella. La experiencia le gustó al padre Juan. Si bien es cierto que la historia que sostiene que esas eran las reliquias de María de Magdala comenzaba en la temprana Edad Media, dejando demasiados siglos de vacío para afirmarla con autoridad, el padre respetaba siempre la tradición popular hasta que se demostrara otra cosa. Allí, En Saint Maximin, visitó con su amigo un centro dedicado a retiros terapéuticos para mujeres, donde surgió el fruto fundamental de ese viaje.

La cosa es que fueran o no auténticas las reliquias que hay en Francia, esta idea que surgió allí no podía tener otra inspiradora que no fuera María de Magdala y su ministerio de evangelización en su entorno. En este caso, su entorno más cercano fueron las mujeres, a quienes ella daba más testimonio que cualquiera de los hombres.

En un mundo en el que la mujer no gozaba de posiciones notables en ningún campo, María de Magdala fue notable, con la bendición de Cristo. Prueba de ello es, como ya ha quedado dicho, que su nombre es citado en los evangelios en más ocasiones por ejemplo que muchos de los Doce Apóstoles.

El padre Juan regresó de Francia a Tierra Santa con un convencimiento claro, atornillado a su corazón y revolucionando su cabeza, estrechamente unido y cuidadosamente hilado al bien que supone la mujer para la Iglesia y para la Humanidad. Se trata de un regalo para la Iglesia del Tercer Milenio: la idea de tener en Magdala un espacio de acogida y promoción de la mujer desde la perspectiva cristiana. Un lugar en el que se explique al mundo el concepto cristiano de la dignidad de la mujer, se promocione su papel único en la Creación y en el plan de Dios para la Humanidad, y se viva dando acogida a mujeres dañadas por tantos y tan diferentes males que hoy en día sufren tantas de ellas por su condición de mujer.

No nos equivocaremos al afirmar que en muchas de las civilizaciones del mundo y a través de la Historia, el papel de la mujer en la unidad familiar y en la sociedad, ha sido injustamente tratado, como si el ser madre y esposa fuese un papel secundario, o como si más allá de este rol, la mujer no valiese para mucho. En ocasiones, su papel ni siquiera es considerado secundario, tendiendo más importancia, o tanta como ella, el ganado o la cosecha, por poner dos ejemplos.

La perspectiva cristiana ha otorgado siempre a la mujer un lugar preeminente, al partir de la idea de que la presencia de Dios entre los hombres, en la figura de Cristo, solo fue posible a través de la entrega generosa, en condiciones nada favorables, de una joven mujer de Galilea, siendo considerada desde entonces, por muchas generaciones cristianas, como la Madre de todas ellas.

Por inspiración de María de Magdala, el padre Juan Solana profundizó en el concepto cristiano de la mujer y en la abundante Sabiduría que la Iglesia contiene al respecto. Lo hizo también apoyado por el recuerdo de las mujeres de su familia. Sus dos abuelas, su madre, mujeres cristianas que supieron cristianizar, con su vida de entrega, una casa y una familia. También por su experiencia con ellas, el padre Juan supo de las heridas a las que son más expuestas las personas por el hecho de ser mujer. No en vano, su madre dedicaba ratos libres a visitar y ayudar a las mujeres de hombres presos en cárceles de Puebla, o de hombres a los que la dureza de la vida llevaba a desahogar su ira contra quienes, en realidad más, los querían y a quienes más respeto debían. Historias que, según explica el padre Juan, parecían guiones de películas de terror. Escenas reales de tristezas y de penas que en algunas familias pasaban de generación en generación.

También su experiencia desde el confesionario y como director espiritual dio en el padre Juan una admiración sumamente respetuosa por las mujeres. Ahí, en el secreto de un confesionario, donde se exponen las más humanas miserias para ser iluminadas a la luz del Amor de Dios, es donde tantas veces las mujeres son escuchadas al mismo tiempo que respetadas, acogidas y acompañadas en su historia. Discutir esto sería discutir con la propia María de Magdala. Ella es testimonio de que en Cristo y formando parte de su Iglesia, la mujer es plena, desarrollando su labor de Testigo allá donde no pueden llegar los hombres o donde los hombres nunca llegarían tan lejos como ellas: en el corazón de los hijos, en el corazón de otras mujeres, y en el corazón de los hombres que las quieran.

El Proyecto Magdala, por tanto, contará también con un Centro Internacional sobre la Mujer. En él se organizarán congresos internacionales, cursos, talleres, programas especiales dedicados a la propagación del concepto cristiano de la mujer, siendo el Proyecto Magdala un depósito de experiencias y conocimientos desde el que dar luz al mundo de la mujer en cualquier parte del mundo, por oscura que pueda llegar a ser. Todo esto, por cierto, desde un lugar geográfico en el que las culturas instaladas no siempre son especialmente consideradas con la mujer, y en el que muchas familias están marcadas, desde hace generaciones, por el dolor del odio y de la guerra.

El Centro para la Mujer de Magdala contará además con un espacio de acogida. Se creará un hogar en el que a nadie se le preguntará por su pasado y en el que se comenzará a construir un futuro, aplicando así una de las enseñanzas más importantes que se derivan del Evangelio sobre María de Magdala: lo más importante de esta mujer no es quien era, sino quien fue después de conocer a Cristo.

Se facilitará un entorno donde mujeres heridas en su historia puedan vivir ese encuentro personal con Cristo; donde recuperen su autoestima, posiblemente herida; donde vivir en clave cristiana, respetando su credo, una vida en la que tienen mucho que decir y que hacer; donde aprendan que su femineidad y su ser mujer son un bien en sí mismo desde el que aportar grandes cosas a su entorno, como lo aportaron María de Magdala y "otras muchas".

El Proyecto Magdala será un foco de aprendizaje para los hijos de la propia Iglesia sobre lo mucho que le debemos a María de Magdala... y a esas otras muchas:

Juana, la esposa de un hombre rico que con generosidad, apoyó la causa de Cristo.

María la de Cleofás y Salomé, quienes se ocuparon de comprar aromas y ungüentos para el cadáver de Jesús.

Aquella viuda del Templo que, siendo muy pobre, echó un par de monedas en el lugar de las ofrendas.

María, mujer de Betania que lo dejaba todo para escuchar a Jesús.

Marta, hermana de ésta última, que se ocupó de darle agua a Él y sus compañeros recién llegados, sin preguntar quienes eran.

Que le debemos mucho a una mujer sorprendida en adulterio, a punto de ser ejecutada a pedradas, cuyo pecado y arrepentimiento nos sirven como recuerdo de nuestra debilidad, de la grandeza de Jesús y de la grandeza del perdón. ¡Dos mil años después, seguimos hablando de ella!

A aquella mujer pagana y cananea, es decir, no judía, cuya fe conmovió el corazón del Señor.

A la mujer despreciada y maltratada en su sociedad por estar enferma de hemorragias y que tuvo el arrojo de tocar su manto, tratando de no ser descubierta, por lo que pudiera pasar.

Aquella que, probablemente joven y bella, la vida había llevado a desempeñar el oficio más antiguo del mundo y que, encontrándose con Jesús en casa de un fariseo, se echó a sus pies conmovida llenándolos de besos, regándolos con sus lágrimas y secándolos con sus cabellos, que nos dio así una catequesis asombrosa de nuestra condición humana y nuestra relación con Cristo.

A aquella viuda de Naín que, sufriendo por la muerte de su hijo, acudió rota en llanto a Jesús.

A esa otra samaritana, es decir, del pueblo aborrecido por los judíos, que habiendo tenido cinco maridos, convivía con un hombre con el que no estaba casada. De su testimonio hubo muchas conversiones en el pueblo de Sicar, entre samaritanos no judíos.

Desde el Proyecto Magdala se enseñará lo que como cristianos aprendimos de una anciana llamada Ana, profetisa en el Templo, y el valor de toda una vida de oración.

De Isabel, prima de la Virgen María, mujer llena de fe hasta la vejez y a la que Dios bendijo con un hijo ¡y qué hijo!

Todo esto bajo el amparo y la confianza de una sobre todas ellas. María de Nazaret, mujer galilea, esposa de un carpintero. La Madre de Jesús y, por tanto, su educadora, protectora, confidente, maestra, ejemplo y referencia en tantas y tantas cosas de la vida cotidiana de Dios, Hombre.

El padre Juan se emociona cuando explica esta parte del Proyecto Magdala. Lo hace porque se acuerda de su madre. Lo hace porque piensa en cada mujer que se ha acercado a él habiendo sido dañada en su dignidad. Lo hace porque sabe que es una necesidad de los niños el tener madres enteras y no rotas en pedazos. Se emociona y cuando lo acaba de explicar, da gracias a Dios conmovido porque una idea tan del Amor de Dios, le ha sido manifestada a él, y no a un sabio ni a un poderoso de este o de cualquier otro tiempo. ¿Por qué a él? Por misericordia de Dios, que eligió a un cura mexicano de Puebla, que habiéndose criado en un rancho, no llegó a ser más que formador de novicios de una institución religiosa en entredicho, que llegó a Israel en estado depresivo para cumplir la misión de reflotar un hotel de peregrinos en quiebra de Jerusalén. Ustedes dirán al leer semejante curriculum: ¿Qué tiene que ver este hombre con esto del Centro Internacional para la Mujer, en el Magdala Center Project? No tiene explicación más allá de la insondable y apasionante Providencia Amorosa de Dios.

Capítulo 17
EL DESCUBRIMIENTO DE MAGDALA, CERCO
ARQUEOLÓGICO A LA GALILEA DE JESÚS

La mesa sobre la que trabajo en Magdala es un hervidero de fotografías, videos y presentaciones que veo en los dispositivos electrónicos del padre Juan, reflejando sin parar imágenes, planos, mapas y documentos ante los ojos del reportero que, providencialmente, ha colocado Dios junto al sacerdote. Con nosotros comparten su experiencia voluntarios y peregrinos que nos cuentan sin parar experiencias tremendamente bellas. No cabe duda de que Magdala ha prendido en su corazón.

Ya antes que a ellos, millones de peregrinos diferentes que visitaron los Santos Lugares, se fueron tocados por la necesidad de anunciar a los suyos que la Tierra Santa está ahí, esperando, como testigo físico y geográfico del mayor acontecimiento de la Historia de la Humanidad: que Dios, todo un Dios, se hizo hombre, solo un hombre.

No, no es el de Tierra Santa un viaje más. No es un viaje cualquiera. La peregrinación a Tierra Santa es un viaje a la raíz misma de la Historia de todo aquel nacido en una familia cristiana. La historia que nos hace herederos y mensajeros de un legado que tiene la capacidad de cambiar el corazón del hombre. La raíz del único mensaje capaz de darle la vuelta a una vida. Mensaje que en María de Magdala se encarna en mujer para mostrarnos cómo la fuerza del amor y del perdón arrasa con los miedos, odios, heridas y rencores de nuestras vidas. Fueran los que fueran, pasara lo que pasara. Todo puede cambiar.

La mujeres que escuchan esta historia del padre Juan, viven con inusitada ilusión lo concerniente al Centro Internacional de la Mujer que se está construyendo en Magdala. Las preguntas brotan de sus labios como las de un niño asombrado ante el descubrimiento del mundo más allá de su casa. Las ideas palpitan en la cabeza de tantas de ellas como chispas encrespadas de un tocón de madera incendiada por un fuego inagotable. Las respuestas del padre Juan enlazan sin parar una historia con otra, como en un camino cuyo fin está allá donde llega el límite humano, quieto, temeroso, ante el desafío que supone la infinitud del amor de Dios a la que está llamado.

Con esa infinitud se topó en su día Arfan Najjar, el Jefe del equipo local de arqueólogos. El padre Juan no contará jamás algunas de las situaciones compartidas con él. Sin embargo, el propio Arfan sí comparte algunas historias reveladoras sobre los acontecimientos que están sucediendo entre los bastidores de Magdala. Lo hace con timidez, y no con todo el mundo. Esa mañana le ha tocado a él hacer de guía para mí en las excavaciones. Sin ninguna duda, pasear por entre estas ruinas durante horas con Arfan, deteniéndonos en cada esquina, en cada piedra o agujero, es un privilegio que jamás olvidaré. Su testimonio y enseñanza quedarán grabados a fuego en mi memoria.

La verdad es que de los cientos de peregrinos llegados desde cualquier parte del mundo que ya pasan por Magdala cada día, ninguno de ellos apostaría porque este hombre de complexión fina y estatura media, fuese el Arqueólogo de Campo de la excavación. Se pasea entre las piedras y los cubos de arena vestido con unos vaqueros manchados de barro, unas deportivas gastadas y una camisa desabrochada hasta el tercer botón, para combatir el calor sofocante que se despierta en las horas intermedias del día, cargadas humedad. Aunque sus gafas de aspecto intelectual le otorgan cierto respeto, a simple vista él no parece darse ninguna importancia. Ya sabe, como tantas veces le ha recordado el padre Juan, que si fuera de Magdala se ha hecho famoso, que si en su mundo es un arqueólogo importante, en Magdala es solo uno más de la enorme familia que el padre ha sabido aglutinar en torno a este faraónico proyecto que aúna ciencias tan grandes y diversas como Arquitectura, Arqueología, Historia, Religión, Teología, Ingeniería y Arte, por citar algunas de ellas. La verdad es que Arfan, habiendo sido el responsable del descubrimiento arqueológico más importante de los últimos decenios en Israel, se siente a gusto con ese papel, pasando desapercibido entre los voluntarios, peregrinos y demás trabajadores del Proyecto Magdala. Respetuoso, amable, cercano, muy lejano de la imagen de jefe que se cree dueño de un cortijo, pudiendo haberlo hecho.

Arfan explica para empezar que, si bien ahora él es responsable de las excavaciones sobre el terreno, todas las conclusiones y los descubrimientos han sido el fruto de un numeroso equipo de expertos. Por un lado, los arqueólogos que como él trabajaron para la Autoridad de

Antigüedades de Israel, entre los que destaca la coordinación, dirección y supervisión de Dina Avshalom-Gorni. Ella fue la directora de la primer excavación hasta que la Autoridad de Antigüedades dejó sus responsabilidades en manos del propio Proyecto. En la segunda fase, la Universidad Anáhuac del Sur, con sede en México, envió a la nueva coordinadora general del proyecto, la arqueóloga y académica de la universidad citada, Marcela Zapata Meza.

Una vez hechas las presentaciones de los responsables de la excavación, el paseo con Arfan comienza en la parte más importante de la misma: la Sinagoga de Magdala.

Arfan inicia una explicación que el padre Juan reproduce de memoria cada vez que es necesario. Cuando lo hace el sacerdote, suele utilizar fotos. Arfan no las necesita. Dispone de las piedras originales, en la zona oeste de los terrenos del Proyecto Magdala, y de su cabeza, donde archiva miles de imágenes, datos, dudas y certezas, acompañadas de un montón de anécdotas que nadie le ha contado a él, sino que le han pasado a él, excavando con sus propias manos el barro de estas piedras que llevan ahí esperando dos mil años. Así comienza su explicación.

—Como puedes ver, estamos ante las ruinas de un edificio rectangular de piedra. En concreto, se trata de los cimientos y parte baja de los muros de una sinagoga, que ocupan una superficie de unos ciento veinte metros cuadrados. Once de largo por once de ancho, y veinte por veinte en todo el complejo. En tres de sus cuatro esquinas vemos tres columnas, ninguna entera. La cuarta la hemos encontrado en otra parte del pueblo. Luego explicaré dónde.

»Como ves tiene tres filas de bancadas rectangulares y en total aquí cabrían unas 200 personas. Eran los notables y los padres de familia del pueblo. El tamaño de la sinagoga nos ayuda a dar una cifra aproximada de habitantes en el momento en que se construyó la sinagoga, y podrían ser más de tres mil personas, aunque por los escritos de Flavio Josefo y otras fuentes, sabemos que en tiempos de la sinagoga, por aquí vivía mucha más gente. Posiblemente esta sinagoga no fuera la única de la zona, no podemos descartarlo. Lo que sí que sabemos de esta sinagoga es que se construyó entre el año 5 y el 10, y que sufrió una ampliación apresurada unos treinta años después. La cosa es que algo sucedió aquí en ese corto período de tiempo que hizo que las gentes de este pueblo, cambiasen de manera radical su forma de pensar y concebir una sinagoga.

—¿Por qué piensas eso, Arfan?

—Por muchos motivos. La sinagoga de Magdala tiene elementos de dos construcciones claramente diferentes realizadas en muy corto espacio de tiempo. Por ejemplo, las piedras de las dos bancadas inferiores no son las mismas que las de la superior. La veta de la roca no es la misma, el corte no es igual, ni el modo en que están trabajadas. Incluso algunas de las piedras de las bancadas superiores son piedras que tuvieron antes otra función en otro lugar, como dinteles de puertas o piedras de muros. En esos treinta años que van de 10 a 40, más o menos, ampliaron la sinagoga. Se ve que cuando decidieron ampliarla lo hicieron con prisa, y no dedicaron tiempo a algunos detalles logísticos, al mismo tiempo que sí se lo dedicaron a otros artísticos.

—¿Qué más elementos tenemos en la sinagoga?

—Los más importantes son los siguientes. El primero, una piedra misteriosa, única en la Arqueología conocida. Es una piedra caliza de unos cuarenta centímetros de alto, cincuenta de largo y unos treinta y cinco de ancho, con una serie de elementos ornamentales esculpidos en sus cinco caras visibles, y lisa en la cara inferior.

»La cara superior muestra una roseta de seis pétalos en relieve, de veinte centímetros de diámetro. Es un símbolo religioso de la antigüedad que refiere inmediatamente a Dios. A sus lados tiene dos símbolos de los que manejamos dos interpretaciones diferentes. La primera, es que sean dos palmeras que se extienden de abajo arriba como símbolo del justo que crece hacia Dios, en referencia al Salmo 92, versículo 13: "El justo florecerá como una palmera, se alzará como cedro del Líbano". La segunda, y parece ser que la más probable, es que sean dos *racks,* herramientas sagradas empleadas a modo de cepillos para recoger los restos de los sacrificios en el Altar del Templo.

»Luego podemos ver unos signos que nos recuerdan a unos corazones, pero no son corazones. En esa época no existía la expresión simbólica que tenemos nosotros de un corazón. Creemos que representan hojas de hiedra como símbolo de planta siempre verde, en referencia a la eternidad. Otra interpretación es que son los rollos de la Torá, cuyo perfil vistos desde abajo por la asamblea, una vez desenrollados para ser leídos, se asemeja al de un corazón.

»Tenemos también en la superficie de la piedra dos cálices esculpidos como los que se usaban en el Templo para contener aceite y vino, y cuatro panes. Estas eran las ofrendas que se hacía en el Altar Mayor del Templo.

»De entre los cuatro laterales de la piedra, uno es más importante que los otros. Es el que encontramos orientado hacia el sur. Aquí vemos esculpida claramente una menorá, el candelabro sagrado de siete brazos, uno de los símbolos centrales del judaísmo. Es la representación artística más antigua de la menorá esculpida en piedra fuera de Jerusalén de la que tenemos noticia. Esta sinagoga data de la época del Segundo Templo y está a casi ciento sesenta kilómetros de Jerusalén. Esto y la disposición de la menorá y de los elementos que la rodean, nos hace pensar una cosa que os explicaré más tarde.

»La menorá está colocada de pie sobre un objeto cuadrado que hemos identificado como un podio, y está flanqueada por dos ánforas. Todos estos objetos quedan enmarcados bajo una arcada sostenida por dos columnas. Y esto es lo que te quiero explicar. Esta cara sur de la piedra es una fotografía de la época de la sala interior del Templo de Jerusalén, en concreto del habitáculo llamado *Hekal* o Santo. La *fotografía* estaría tomada desde el *ulam* o vestíbulo. Esta perspectiva de estos elementos es lo que digo que es sencillamente asombroso, ya que sólo los sacerdotes y el Sumo Sacerdote tenían acceso a ella en el Templo.

—¿Cómo podemos saber los profanos en la materia que esto es una *fotografía* de la época del Templo?

—Para empezar, te explicaré que la zona más sagrada del Templo estaba compuesta de tres habitáculos contiguos. El *ulam*, el *Hekal* y el *Debir*. O lo que es lo mismo y por este mismo orden: el vestíbulo, el Santo, y el Santo de los Santos. Estos dos últimos, el *Hekal* y el *Debir*, eran la *Casa de Dios*.

»Una vez explicado esto, digo que es asombroso porque lo que tenemos en esta piedra es una perspectiva frontal de lo que se veía desde la puerta que unía el *ulam* o vestíbulo con el *Hekal*. Aquí, en el *Hekal* es donde se ubicaba la menorá, símbolo del espíritu de Yavé, de su presencia real en ese lugar, que de forma alegórica recordaba a la zarza ardiente que Moisés vio en el Sinaí, como símbolo de la presencia de Yavé. La menorá por tanto no es un elemento sin importancia para los judíos. No se trata de un objeto meramente ornamental. No podía haber una menorá en cualquier sitio, sino solo donde se considerase sagrado, como lo era el Templo. ¡De ahí la asombrosa importancia de este descubrimiento!

—¿A qué te refieres, Arfan? Sigo sin entenderlo.

—Quien quiera que fuese el que concibió esta sinagoga, y quien quiera que fuera quien la construyó, tenía amplios conocimientos de la parte más sagrada del Templo, el único lugar en la Tierra en el que habitaba Yavé, y quiso que aquí, en Magdala, muy lejos, hubiese una representación de esa misma presencia de una manera simbólica.

—¿Seguimos con la perspectiva?

—Sí, verás. Las dos ánforas del *Hekal* contenían agua para la purificación y aceite para el fuego de la menorá. Allí estaba también el Altar de Oro y la Mesa de los Panes. Lo que hicieron con esta piedra en esta sinagoga fue una reproducción de una parte del Templo que no estaba abierta ni mucho menos al público en general. Es una zona que la mayoría de la gente no vio jamás. No había postales, ni fotografías. El empeño de esta gente de Magdala por reproducir el Templo tuvo que ser caro y complicado de hacer. Hubo que traer a un artista con amplios conocimientos del Templo, o alguien que lo describiera con buena memoria fotográfica y con una extraordinaria capacidad de comunicación, para transmitirlos a otra persona que supiese muy bien cómo trabajar esta roca caliza y dibujar sobre ella la entrada al *Hekal,* antesala del *Debir,* con tanta exactitud y sin haber estado allí.

»Luego tenemos la cara norte de la piedra. Aquí las figuras son enmarcadas por tres columnas que sujetan dos arcos. En la parte superior de cada arco hay dos objetos claramente identificables. Son las ruedas de un carro de seis radios cada una. Una de ellas está vista desde el exterior y la otra desde el interior, porque una tiene un orificio en el centro para el eje. Esta es la interior. Bajo las ruedas, unos pequeños triángulos, como chispazos, representan fuego.

»No ha sido difícil dilucidar que lo que aquí está representado es el carro de fuego que vio el profeta Ezequiel, en su visión de la Gloria de Dios[1]. Debido a la ubicación de las tres columnas y a los elementos de la cara sur de la piedra, creemos que esta reproducción del carro de fuego de la cara norte es en realidad una representación alegórica y mística del *Debir,* del *Sancto Sanctorum.* Del lugar más sagrado del Templo, al que solo podía acceder el Sumo Sacerdote.

—Con tu permiso, esto me sugiere una hipótesis.

—¿Cual?

—Si la cara sur representa fidedignamente el *Hekal,* y la cara norte representa alegóricamente el *Debir,* quien haya diseñado, descrito o esculpido la piedra nunca vio el *Debir,* pero sí el *Hekal.*

—Es posible. Continúa.

—Sí, porque si hubiese visto el *Debir,* no lo habría representado de forma alegórica, sino fidedigna, como

---

[1] Libro de Ezequiel 1, 4-28.

hizo con el *Hekal*. Por tanto, sabemos que esta persona nunca fue el Sumo Sacerdote del Templo. Sin embargo, podemos pensar que sí fue uno de los otros sacerdotes del Templo, pues conocía perfectamente la visión del *Hekal*.

—Es una hipótesis fundada. Aprendes rápido.

—¿Qué hay en las caras laterales de la piedra?

—Ambas son idénticas. Poseen sendas arcadas de cuatro arcos cada una. Es el atrio de los gentiles, la parte que nos quedaba del templo. Con un detalle si quieres simpático, y es que en cada una de las arcadas hay un objeto que representa una lámpara de aceite, como las que había allí para iluminar en las horas de oscuridad, o un incensario.

—Entonces estamos ante una reproducción del Segundo Templo de Jerusalén, con todo lujo de detalles, diseñado en tiempos del Segundo Templo, a escala para esta sinagoga.

—Bueno, en realidad tiene elementos del Primer y del Segundo Templo. Tened en cuenta que en el Segundo se reprodujeron muchos de los elementos que se sabía que había en el Primero. Al ser esta sinagoga y la piedra de los tiempos del Segundo Templo, nosotros pensamos que es una representación muy real del Segundo Templo. Del Templo que conoció Jesús. Y no solo muy real, sino muy atrevida. Los que hicieron esto, tenían una motivación brutal para hacerlo.

—¿Por qué hicieron esto aquí y así?

—¡Espera! ¡Hay mucho más! Antes de tratar de dilucidar los porqués, es mejor que conozcas los elementos conocidos. Verás. Esta fue una sinagoga rica, pequeña pero con ciertos lujos. En su cara este, a la altura de la tercera bancada hasta la pared, tenemos casi siete metros de mosaico en un estado óptimo de conservación. De las siete sinagogas del siglo I que hay en Israel, esta es la única que tiene o conserva mosaico. En realidad aún conserva dos, uno más antiguo que atribuimos a esa primera construcción, y otro más moderno correspondiente a la ampliación. El primero es más pequeño, más sencillo y digamos barato. El segundo tiene más categoría. El primero tiene una figura geométrica con una pequeña cruz en medio, de cinco pequeñas piezas de piedra. Obviamente no es una cruz alegórica de la crucifixión. ¡No había sucedido cuando se realizó este mosaico! Apenas quedaban diez años. Es sencillamente un signo geométrico que señalaba un lugar preciso para algo. Colocación de algún objeto, como por ejemplo han sugerido algunos expertos, que fuese donde se guardaba la Torá. El segundo mosaico, el grande de arriba, tiene como elemento central una roseta como la de la piedra, y está ubicada en línea recta simétrica a la piedra. De nuevo, significaron de manera importante la presencia de Yavé.

»Otro elemento que tenía esta sinagoga es el fresco. Se conservan algunos fragmentos. Por ejemplo, en las tres columnas vemos una capa de estuco y un fresco de tonos rojizos sobre él. Es increíble que se haya conservado. A parte, en lo que sería el acceso a este lugar donde se guardaba la Torá, hay unos fragmentos de fresco de algo más de dos metros cuadrados, sobre dos muros, con tonalidades rojas, amarillas y blancas, y sobre todo, con unos trazos bien visibles azules. Hemos averiguado que este pigmento se traía desde muy lejos, siendo muy caro. Se obtenía machacando la concha de un crustáceo que se traía desde Chipre. Esto quiere decir que hubo dinero en la ornamentación de la ampliación, y un hombre ducho en la materia para conocer estos exóticos pigmentos.

»La sinagoga tiene un espacio aledaño en su cara oeste, parecido en la forma aunque de menor tamaño, perpendicular a la planta de la sinagoga. Es el *bet midrash*, la pequeña escuela hebraica en la que se enseñaba la Palabra a los niños varones menores de trece años. Allí conservaban diferentes copias del Talmud, de la Torá y de otros libros sagrados judíos. Tiene dos filas de bancadas y otra piedra singular. Mucho menos valiosa y llamativa que de la que hemos hablado, pero que también tiene su importancia. Se trata de la piedra sobre la que se desenrollaba la Torá para ser leída. De hecho, aún se observan perfectamente dos canales longitudinales en sus bordes más cortos. O bien se colocaban sobre ellos directamente los rollos de la Torá, o en esos canales se asentaba la *bimah*, el pequeño altar de madera que se usaba a modo de atril para colocar el texto sobre él.

»En el habitáculo principal de la sinagoga encontramos otra piedra igualita que esta, con ambos canales a los lados, que apoya la teoría de la ampliación posterior de la sinagoga. Cuando encontramos la piedra de la menorá, ocupaba el lugar principal de la sinagoga, mientras que esta otra igual que la de escuela, estaba colocada en un lugar importante, haciendo la misión de cátedra de Moisés, el lugar en el que se sentaba el rabino.

Los pasos de Arfan se mueven ligeros como liebres en una pradera a la vez que a su acompañante le cuesta decidir qué piedra pisar y qué piedra no. Mientras el arqueólogo habla que te habla en un inglés perfectamente comprensible, dirige su zapatillas deportivas hacia una calle más ancha, al suroeste, limitada ante lo que parece una extraña muralla de piedras de las que algunas son reconocibles. Allí se detiene.

—Mira. En este lugar, la calle que une la sinagoga con el pueblo, esta tapiada. Si te fijas, han usado algunas de las piedras que faltan en la sinagoga para hacer este muro. Esas piedras cilíndricas que veis son tanto de la columna que falta entera en la sinagoga como de los segmentos de piedra que le faltan a las otras tres. También podéis ver los capiteles.

—¿Qué es esta muralla?

—Tenemos una teoría. Está claro que alguien quiso defenderse de algo. Sabemos que los romanos pasaron por aquí en el año 67 o 68. Iban rumbo a Jerusalén, aplacando el surgimiento de la rebelión judía. Nuestra teoría es que sabiendo que la mayoría de la gente de Magdala huyó a esconderse, suponemos que unos cuantos se quedaron. Ancianos, enfermos, lisiados y gente sin familia y sin posibilidad de ir a ningún lado. Sucede siempre en cada invasión, que no todos se pueden marchar. Unos u otros decidieron proteger esta parte de la ciudad ante la inminente llegada de los romanos. Para ello usaron lo que pudieron y obvia decir que, lamentablemente, llegado el momento, esta pequeña muralla no supuso ninguna resistencia para los soldados romanos. Las personas que se quedaron en Magdala fueron pasadas a cuchillo. No tenemos vestigios de un gran enfrentamiento en tierra, aunque sabemos que lo hubo en el agua. Sí que hemos desenterrado una espada romana de la época, entera y en muy buen estado de conservación, además de otros elementos de menor valor que atestiguan el paso de la huestes imperiales por aquí. Y todos sabemos cómo se las gastaban.

Sin dar tiempo a preguntas, Arfan continua la visita.

—Bajando rumbo este, pasando junto a la sinagoga, a lo largo de esta calle no muy ancha, llegamos a unas pequeñas piscinas de piedra. ¡Hay muchas! Algunas más profundas tienen unas empinadas y estrechas escaleras de seis o siete peldaños, y abajo hay agua. Ahí colocaban los peces recién comprados o recién pescados, aún vivos. Luego, en las piletas más pequeñas es donde se sazonaban antes de ser transportados. Un poco más abajo puedes ver un enlosado de piedra. Era una plaza, un mercado, y poco más allá está el puerto de Magdala. Encontramos una rampa de piedra que en su día entraba en el agua. Allí se arriaban los botes y las mercancías. Aún hoy, mirando al mar y paseando por aquí, es fácil imaginar el frenético movimiento de gente transportando el pescado desde el puerto hasta la zona de la salazón, los sacos de la sal traída desde las lejanas salinas del Mar Muerto, el olor de los peces aún coleando, siendo sumergidos vivos en la salmuera o *garum*, como lo llamaban los romanos, y las mujeres comprando en el mercado a los pescadores que ofrecen su mercancía a grito pelado. En medio de este gentío, de este frenético gentío…

Arfan hizo una pequeña pausa antes de cambiar el rumbo de su mirada y de lo que fuera que pensara para seguir caminando con entusiasmo.

—¡Ahí, al otro lado, está el barrio de los pescadores! Hemos encontrado allí un numeroso grupo de casas y una cantidad muy importante de aparejos de pesca.

—¿De qué tipo?

—Anzuelos, pequeños arpones, agujas para remendar las redes y los pequeños pesos redondos de metal o de piedra que hacían que se hundiera el copo al echarlo al lago.

—¡Qué interesante!

—¡Hay muchas más cosas interesantes! Ahí, en las casas de los pescadores, hemos encontrado hornos de barro con restos aún de carbonilla, piedras de molino, herramientas de trabajo doméstico. También monedas, peines, horquillas para el pelo o perfumeros de cristal. Por no hablar de una cantidad ingente de bidones que tenemos llenos de restos de utensilios de cerámica. Este barrio limita hacia el lago con un muro de piedra bastante más grueso que ningún otro de la ciudad. Es el rompeolas. Hasta allí llegaba el Mar. Hoy la orilla está unos cincuenta metros más lejos. Pero sigamos caminando.

La última parte de la visita es hacia el sur, donde un terreno de unos mil metros cuadrados ha sido excavado, dejando a la luz otros de los tesoros más valiosos de Magdala.

—Esta parte de la ciudad era una parte rica, una parte notable. Como veis, hace en linea recta la paralela a la orilla del Mar, en dirección a la sinagoga, a unos sesenta metros. Posiblemente aquí vivía gente dedicada al trabajo diario en ella. Tenían un acceso directo por esta calle que sale de aquí y que aún no hemos desenterrado. Como veis, los muros de las casas son más gruesos, es decir, son casas más caras. También se ve que cada casa tiene más habitáculos. En realidad, en estas casas judías no vivía solo una unidad familiar, sino varios matrimonios de la misma familia. Una parentela con sus respectivos hijos.

»En este grupo de casas hemos encontrado cosas importantes, por ejemplo. Tenemos tres *mikves*, con sus escaleras y sus aguas puras y cristalinas.

—¿Qué son esas bañeras?

—Un *mikve* es el baño ritual judío, una especie de bañera donde periódicamente los judíos se purificaban. Había para hombres y para mujeres. Podrían ser baños públicos y comunitarios.

»Cuando descubrimos esta parte, al poco de excavarlo, siempre se inundaba. Poníamos bombas de agua para extraerla, pero a los pocos días estaba de nuevo inundado. No sabía qué hacer porque era imposible trabajar. Hasta que un colega arqueólogo vino y me dijo:

—Arfan, estás intentado resolver un problema del sigo I, con tu mentalidad del siglo XXI. Olvídate de esos extractores. Debe haber un sistema de drenaje.

»Una vez que mi colega me dijo aquello, empezamos a buscar y no tardamos en encontrar unos canales de desagüe, un sistema de canalización en perfecto estado. Lo destapamos, lo limpiamos, y nunca más se volvió a inundar. Pero, ¿por qué se inundaba si no llovía?

—No sé, dímelo tú.

—¡Porque estos *mikves* se llenan de un manantial subterráneo! No reciben el agua traída del mar ni por otro mecanismo. No hay un depósito ni un sistema de tuberías. Son *mikves* naturales, y lo mejor de todo es que, dado que el manantial sigue manando, a día de hoy siguen funcionando.

—¿Por eso tienen el agua tan limpia?

—¡Exacto! Puedes bañarte y purificarte si quieres... el agua está bien limpia.

—No, gracias. Prefiero la ducha caliente. ¿Qué más hay en esta casa de gente rica?

—Muchas cosas. Por ejemplo, el suelo es de basalto, más caro que la roca caliza de las demás casas. Hay también una habitación elevada cuyo suelo es de mosaico.

Esto es muy importante y lo que nos lleva a pensar que era la casa de alguien con relación con la sinagoga.

—¿Posiblemente el Jefe de la Sinagoga?

—Sí, sería muy lógico. Es posible.

—¡Vamos, Arfan, mójate un poco más!

—Ya se por donde vas, pero yo soy científico, y aunque al padre Juan le encantaría poder decir que era la casa de Jairo[2], no tengo evidencia alguna de que lo sea, ni de que no lo sea. Que sea la casa del Jefe de la sinagoga no quiere decir que Jairo fuese el Jefe de esta sinagoga, aunque no lo podemos descartar, por ahora. Lo que sí que sé es que en esa habitación hemos encontrado un mosaico en perfectas condiciones cuyo motivo es la misma roseta del mosaico de la sinagoga. Tiene una bancada en su parte de atrás. Este era un lugar de reunión, de toma de decisiones, de gente importante. Aquí, en esta misma casa, encontramos dos dados de juego como los de ahora, pero en vez de plástico, son de hueso.

—¿Habéis encontrado monedas?

—¡Cientos de ellas! Casi todas del siglo I.

El padre Juan se une a la explicación y disfruta como un niño contando cómo encontraron una de las más importante de todas esas monedas que se conservan en Magdala:

—En noviembre de 2012, vino un equipo de la televisión pública francesa para hacer un reportaje en el Canal 2.

---

[2] Jairo es citado en Marcos 5, 22 y Lucas 8, 41 como el Jefe de una sinagoga que acude a Jesús pidiéndole ayuda, ya que su hija se estaba muriendo. Aunque la tradición popular sostiene que la sinagoga era la de Cafarnaum, no puede asegurarse que lo sea, ni descartarse que se trate de otra.

Entonces yo era muy atrevido y creo que poco cuidadoso, así que para enseñarles la sinagoga, les metí dentro sin más. Estaba yo hablando de cualquier cosa cuando uno de los voluntarios que andaba por allí se puso a jugar con el detector de metales, y justo cuando este equipo estaba grabando, el aparato avisó que había detectado algo en el centro de la sinagoga. Interrumpimos la grabación y buscamos a ver de qué se trataba. Allí, casi en la superficie y con apenas un poco de tierra por encima, encontramos una moneda de la que se veía perfectamente su acuñación. Fíjese cómo son las cosas de Dios, que el organizador de ese equipo de trabajo de la televisión francesa, era un arqueólogo israelí especialista en numismática. Enseguida la agarró, le hizo una foto y se sentó allí con su iPhone a consultar su base de datos.

»Cuando este hombre se dio cuenta de lo que tenía entre manos, se acercó y me dijo:

—Padre, dos cosas. Lo primero, es un milagro que esta moneda se conserve cómo está ahora. Es de un material muy pobre que se oxida y que con el paso del tiempo, se deshace. Métala en seguida en una bolsa de plástico y llévela donde esté bien cuidada. Lo segundo, es un tipo de moneda del que no hay muchas en el mundo pero es muy fácil de identificar. Mire. Por un lado, la inscripción dice en griego: "Tiberias". Por el otro: "Herodes Tetrarca". Esta moneda, padre, fue acuñaba en Tiberiades, a cinco kilómetros de aquí, en el año 29, en tiempos del Rey Herodes Tetrarca, y, por tanto, en tiempos de Jesús. Yo no entiendo cómo se ha conservado, pero es una prueba más de que lo que usted nos ha contado sobre esta sinagoga y este lugar, no es un cuento de hadas.

—A mí me hace gracia pensar que tal vez con esa moneda compró María Magdalena algún día el pan —comenta divertido el padre Juan.

Arfan se sienta en unas rocas que llevan ahí colocadas dos mil años, en una calle por la que, por qué no, pasó alguna vez María Magdalena camino de la compra del día. Es el momento de entrar en las conclusiones del arqueólogo.

—Arfan, ¿qué es todo esto? ¿Por qué hicieron esta sinagoga tan especial aquí? ¿Por qué fue abandonada y cuando?

—Mira. Creemos que la sinagoga se construyó entre el año 5 y 10. La ampliación es más tardía, calculamos que en torno al 40. ¿Por qué esa ampliación tan extraordinaria? Muy sencillo. Algo pasó aquí entre el año 10 y el 43 que les hizo cambiar su concepto de sinagoga. Algo importante, algo impactante, porque ellos, los mismos que construyeron la sinagoga original, permitieron o promovieron cambios tan sustanciales en su edificio más importante, pocos años después. Ahora bien, ¿qué fue lo que pasó?

El silencio se hizo pesado entre los tres contertulios hasta que me atreví a lanzar una cuestión, más por darla por un hecho que por ponerla en duda, a la luz de las informaciones recibidas.

—¿Cristo?

La cara de Arfan se iluminó entonces como la de un niño la mañana de Reyes Magos ante el árbol de Navidad.

—¡Sin ninguna duda, amigo! Cristo estuvo aquí y tuvo un fuerte impacto en esta comunidad.

—Ya, pero tú eres musulmán.

—Sí, pero no soy estúpido.

—Explícate.

—Yo no creo que Cristo sea quien vosotros decís que es, lo cual respeto. Yo no creo que Jesús fuese la encarnación de Dios. Pero no creer esto no quiere decir que ignore su existencia. Cristo existió. Es un personaje histórico, un gran profeta que cambió el rumbo de la Historia de manera significativa, y vivió aquí, en Galilea. Tenemos historiadores como Flavio Josefo, Tácito[3] o Tertuliano[4]. Tenemos los Evangelios como textos documentales contrastados, y en ellos dice que Jesús fue por toda Galilea predicando en sus sinagogas. Esta de Magdala es la más cercana a su casa de Cafarnaum, y ya estaba edificada cuando Él comenzó su predicación. Además está ubicada en un lugar de paso, en medio del tramo de la *Via Maris* que une Nazaret con Cafarnaum. Siendo cierto que yo no creo que Cristo sea Dios, te apuesto lo que quieras a que Cristo estuvo en este lugar, predicando sus enseñanzas. Y no solo Él. También sus discípulos y testigos.

—¿Por qué abandonaron Magdala y cuando?

—Hacia el año 68, al paso de los romanos. La sinagoga fue abandonada y en parte desmantelada. Ya habéis visto que algunas de sus piedras fueron utilizadas para tapiar una calle como defensa. Suponemos que se que-

---

[3] Cornelio Tácito (55-120). Senador, Cónsul, Gobernador e Historiador romano de los siglos I y II. Documentó la existencia de *Cristo*, ejecutado en tiempos de Tiberio por el procurador de Judea, Poncio Pilato

[4] Quinto Septimio Florente Tertuliano (160-220). Escritor cartaginés del Siglo II. Tras su conversión al cristianismo documentó en sus obras la existencia en Roma de dos documentos oficiales de Jerusalén que registraban la crucifixión de Cristo.

rían defender de los romanos, o de algún invasor. Tal vez de una epidemia, sí, las hipótesis son muchas, pero cuadrando todos los datos que tenemos, la de mayor peso es la que te he explicado.

—¿Por qué nunca se volvió a habitar?

—Se volvió a habitar en parte. La zona de los pescadores, que es la más alejada de la sinagoga, tiene vestigios de presencia en el siglo II. Pero la zona de la salazón y de la sinagoga fue abandonada en torno al 68, y nunca más fue utilizada. Los habitantes originales no debieron regresar. Fueron tiempos muy convulsos y difíciles para los judíos. Tan solo tres años después, en 70, fue destruido el Templo de Jerusalén. Los pocos que vinieran por aquí no estaban para reconstruir una sinagoga.

—¿Cómo se ha conservado hasta hoy?

—El sedimento la preservó a muy poca profundidad. Todo estaba a un metro, incluso menos. En algún momento dado hubo un alud de tierra del Monte Arbel y enterró todo esto. Es una hipótesis. La otra es la de una torrentera. Aquí se dan mucho. En medio del desierto más árido, cae una tormenta inmensa en unos minutos, y en el cauce seco de un torrente se forma un río que arrastra todo sin medida. Magdala está justo en la desembocadura del valle del *wadi hamam*, un río que sale por este punto al Mar, viniendo por un desfiladero de arenisca y barro. Fue así de sencillo. Hubo un desprendimiento, o una torrentera, o ambas cosas, y no en una sola ocasión. Las posibilidades son varias. Luego, como lo único que se hizo aquí fue un hotel con bungalós, que no necesitan cimientos, no destruyeron nada de lo que había debajo al ponerlos, y así lo encontramos nosotros.

—¿Cuantas probabilidades hay de que ocurra algo así en la Historia? ¿De que una ciudad de esta importancia sea preservada de esta manera y encontrada como se ha encontrado?

—Solo una de entre infinitas, y esa nos tocó a nosotros. Algunos colegas arqueólogos se refieren a Magdala como la Pompeya de Israel.

—¿Cuanto queda por excavar?

—¡Una barbaridad! Solo hemos excavado un diez por ciento de lo que hay aquí. Lo sabemos porque hemos hecho fotografías aéreas con satélites y escáneres y diferentes sondeos de profundidad.

—¿Qué mas esperan encontrar?

—Lo que sea, será bienvenido. Unos buscan vestigios documentales de la presencia de Jesús o de alguno de sus discípulos. También la casa de María Magdalena. Otros, los restos de edificios que sabemos por Flavio Josefo que hubo aquí: un hipódromo, una cárcel, una torre grande para el pescado… Sea lo que sea, nosotros debemos seguir trabajando. El padre Juan tiene el convencimiento de que, aunque el proyecto original es una casa de peregrinos y la iglesia, las excavaciones no se detendrán hasta que todo salga a la luz. Te digo que es tanto lo que hay aquí debajo del suelo que ahora mismo pisamos, que nosotros moriremos de viejos y nos sucederán otros equipos que seguirán descubriendo tesoros y cosas interesantes para la arqueología, para el judaísmo y para la religión cristiana. Esta es la única ciudad de tiempos de Jesús, en la orilla del Mar de Galilea, en su radio de acción más activo, que se mantiene tal y como lo conoció Jesús. Esto es, arqueológicamente hablando, de una importancia máxima. La mayoría de los restos arqueológicos descubiertos en esta zona son del periodo bizantino. Magdala es un salto de trescientos años atrás en el tiempo respecto a lo que teníamos. Hemos llegado hasta el epicentro de la arqueología judeocristiana. Podemos descubrir más restos arqueológicos, pero ya no podemos llegar más cerca de Jesús, arqueológicamente hablando, porque ya hemos llegado hasta Él.

—¿Qué significa esto para ti, como arqueólogo?

—Es un sueño cumplido. No aspiro a más porque no puede haber más. Descubrir una sinagoga del siglo I en Israel, en Galilea. Solo había seis y esta es la séptima. Además, esta que hemos encontrado, tiene elementos tan únicos que ya no aspiro a más. No, no puede haber nada más grande... ¡salvo que se descubra el Arca de la Alianza! Pero eso lo dejamos para las películas de Indiana Jones... La realidad supera a la ficción, y lo importante de trabajar aquí no ha sido solo el descubrimiento de las piedras, también el de las personas.

—¿A qué te refieres?

—El equipo de trabajo del Proyecto Magdala, es una familia. El padre Juan es un padre en el pleno sentido de la palabra. Es un jefe sabio, un director acertado. Él sabe dejar hacer a cada uno su trabajo, sacando lo mejor de cada uno, sin entrometerse. Respetando a la persona y cuidando su entorno y su situación concreta de la vida. Es un jefe con autoridad. No con poder, sino con autoridad. Por eso es fácil trabajar con él, en el sentido de que no te va a pedir nada que no le puedas dar, y de que cuando te pide algo, tú se lo das. Te sale solo.

—¿A qué te ha ayudado el padre Juan?

—A conocer el cristianismo. Yo soy musulmán, y muchas veces he conocido cristianos que no vivían como

Cristo les enseñó. El padre sí. Voy a contarte algo. Hace unos años, a mi hijo pequeño, siendo un niño, le diagnosticaron leucemia. Cuando se lo dije al padre Juan, se sentó conmigo y me dijo:

—Arfan, lo primero es tu familia. Tú estás contratado aquí, pero debes estar con tu familia el tiempo que sea necesario. Vete y te esperaremos. Las ruinas han permanecido ocultas dos mil años, no pasa nada por esperar unos años más o lo que haga falta.

»Me siguió pagando en mi ausencia y nunca me metió prisa. Se ofreció a rezar por mi hijo y a ayudarme en lo que fuera. Se me saltan las lágrimas porque es un padre, un cristiano que predica con la palabra y con la verdad. Un hombre duro pero bueno. Exigente pero comprensivo. Trabajador y alegre. Un hombre de Dios. Tiene la fe más grande que esa montaña, también con sus momentos de dificultad. Lo que él ha creado aquí es una familia en torno a Magdala.

Durante la cena de un día tan intenso y lleno de experiencias compartidas con Arfan, el padre Juan continúa con sus explicaciones:

—Las sinagogas de entonces no eran lugares de celebración litúrgica, sino de reunión, de estudio y lectura de la Torá, de asamblea, de consulta y meditación de la Palabra y otros asuntos. Las primeras comunidades cristianas, donde se reunieron fue en las sinagogas, y donde los testigos de Cristo daban testimonio era donde estaba la gente. ¿Dónde estaba la gente? En las plazas, en los mercados y en las sinagogas. Por tanto, es fácil afirmar sin temor a equivocarse, que esas piedras de Magdala fueron el lugar de una primera predicación cristiana, de la boca del mismo Jesús, y de la boca de los que le conocieron. Allí dieron testimonio los curados por sus milagros de vete a saber tú que enfermedad. Los que fueron liberados de sus demonios. Los que le oyeron y fueron tocados en su corazón por una frase, por su mirada. Los que comieron el pan en la multiplicación de los panes. En lugares como esta sinagoga es donde se fraguaron los cuatro Evangelios. Podemos decir que allí nació la Iglesia, *ecclesia*, es decir, asamblea, reunión. ¿Reunión de quien? Reunión de los primeros cristianos que celebraban la fracción del pan, recordando los hechos y dichos del Maestro.

»Cuando descubrimos la sinagoga, un arqueólogo franciscano, compartió conmigo la siguiente constatación: "¿Te das cuenta, padre Juan, de que has descubierto lo que de algún modo se podría considerar la iglesia cristiana más antigua del mundo? Si yo tuviera que ponerle un nombre a esta iglesia, la llamaría la Iglesia de los Testigos Oculares de la vida de Jesús".

El padre Juan me mostró entonces una fotografía de su ordenador. Era la imagen de una pila de agua. Un pequeño cuenco de piedra que esa misma tarde yo había visto colocado cerca de la puerta de la sinagoga de Magdala, y que llevaba ahí puesto casi dos mil años.

—Mire. Esto lo encontramos tal cual, de pie, cerca de la puerta de la sinagoga. Es una pila de agua en la que los judíos se lavaban las manos antes de entrar en la sinagoga, para purificarse. Verá. Tenemos los datos, el Evangelio, el Mar y la sinagoga. Las monedas y demás cosas. Aunque todo hace indicar que Jesús estuvo en esa sinagoga, yo no lo puedo asegurar al cien por cien. Tengo todos los datos que les he contado, pero no tengo su fotografía entrando en la sinagoga, ¿comprende? Ahora bien. Sin poder afirmar al cien por cien que Jesús estuviera ahí, lo que sí que les digo es que en caso de que así fuese, si efectivamente Jesús entró en esta sinagoga, yo les digo que Él se lavó sus benditas manos en esa pila de piedra, como todo judío observante, hacían las abluciones al entrar y salir de la sinagoga. Con una altísima probabilidad Jesús usó esta pila de piedra para lavarse las manos.

Capítulo 18
VOLUNTARIOS. SUCESORES
DE LOS DISCÍPULOS DE JESÚS,
EN LA TIERRA DE JESÚS

Desde 2009 hasta que se escriben esta líneas, más de mil voluntarios habían pasado por Magdala. Su perfil más común fue el de chicos jóvenes católicos y occidentales, universitarios, bien europeos o bien latinoamericanos, que dedicaron un mes o dos de sus vacaciones anuales a trabajar en Magdala.

Pero siendo este un perfil mayoritario, no ha sido ni mucho menos exclusivo. Por Magdala han pasado voluntarios cristianos católicos y no católicos, protestantes y evangélicos, de diferente corrientes y nacionalidades. Africanos, australianos, asiáticos y norteamericanos. Jóvenes en preparación para su matrimonio o recién casados, chicos en discernimiento ante su entrada al seminario, monjas, personas adultas con la vida ya hecha que enfilan su recta final buscando una más profunda relación con Jesús en este lugar. Solteros, casados, separados, consagrados. Ingenieros, científicos, pintores, cocineros, albañiles, actores… Judíos mesiánicos, árabes cristianos, judíos tradicionales, cristianos paganizados… así un sinfín de personas imposibles de catalogar con etiquetas como elementos de un muestrario.

Los voluntarios de Magdala son, al fin y al cabo, personas que han decidido libremente y por las causas que fueren, dedicar parte de su vida a Dios, sirviendo a los peregrinos que desde todas partes del mundo vienen a Tierra Santa buscando al Señor. No difiere mucho su misión de la de aquellas mujeres que servían al Señor y a su comitiva. De hecho, como tantas veces ha explicado el padre Juan, son los sucesores de las discípulas de Jesús, cuya labor no era sencillamente limpiar y poner orden, sino evangelizar mientras limpiaban y ponían orden.

Como muestra de un voluntariado incomparable en el mundo del voluntariado, único por su razón de ser y por su lugar de ejecución, se pueden compartir en este libro algunas historias de estos seguidores de Cristo. Son solo un puñado de entre más de mil. Testimonios de personas a las que trabajar gratis en Magdala, no ha dejado indiferente.

Mark Sawyer es un hombre nacido en Dakota del Sur y afincado en Colorado, que ha vivido en Magdala por dos meses, a sus cincuenta y nueve años. Todo fue como un fogonazo, una chispa de Dios que prendió en su corazón de manera inesperada. "Visité Magdala con mi esposa, de pasada, hace poco tiempo. Estuvimos de peregrinación en Tierra Santa y todo era maravilloso, pero al visitar Magdala sentí cómo el Señor llenaba mi corazón de una manera diferente e inexplicable. Fue como una llamada, y quise quedarme aquí por un tiempo. Pero en estos tours guiados de lo que menos dispones es de tiempo. Estaba pensando en esto cuando uno de los sacerdotes dijo que se podía venir como voluntario, y nada más subir al autobús comenté la idea con mi mujer. Ella debió de ver un brillo especial en mis ojos, porque me dijo que adelante, que buscaríamos el hueco para que yo regresase y, aquí estoy".

Con Mark compartió experiencia María Carrera, enfermera de Madrid de veinticinco años, que conoció el Proyecto Magdala en su Luna de Miel: "Conocí Tierra Santa con mi marido y la idea de pasar un mes allí me atraía muchísimo. La Providencia hizo el resto y nosotros, que pensábamos que sería dificilísimo volver algún día a Tierra Santa, cuatro meses después regresamos, para quedarnos ese mes".

Dos amigas de El Salvador han pasado más que Mark y María. En concreto, nueve meses. Marina Alfaro es Química y llegó a Tierra Santa con 27 años. Vino invitada por su amiga Claudia Caneses, también Química, que hizo una experiencia preliminar de cinco días: "El voluntariado de Magdala tiene mucho que ver con la restauración, y al estar aquí esos cinco días me di cuenta de que el Señor me llamaba fuertemente a regresar para ser restaurada. Me explico. La restauración implica limpiar con detalle los lugares más profundos entre las piedras, para luego colocar un cemento nuevo. Estaba muy claro qué era lo que el Señor me estaba queriendo decir, así que lo dejé todo y me vine".

Para Marina, la amiga de Claudia, todo fue más rápido: "Desde que conocí a Jesús, en el año 2010, quise dedicar mi tiempo a servir al Señor. Cuando Claudia me habló de este proyecto, vi en él la respuesta a esta inquietud. Vine como ella, dejando todo por nueve meses, trabajo y las comodidades de mi vida. Aquí estamos".

Jessa Barniol llegó a Israel desde Texas. Nacida hace 27 años en Omaha, Nebraska, se licenció como Periodista en la Universidad de Austin. Allí conoció a Rodolfo, su marido, con el que por motivos de trabajo se trasladó a vivir a Jerusalén. Sus ratos libres, Jessa los dedica al voluntariado en Magdala: "Desde niña soñaba con ser como Indiana Jones o tener una vida interesante, como de película. Siempre quería estar metida en el barro, buscando tesoros y aventuras a través de los secretos del pasado. Aunque en Magdala no hay látigos ni villanos, y la mayoría del trabajo es mover cubos y cubos de arena, la primera vez que encuentras el asa de una vasija de barro o una pequeña moneda, y te das cuenta de que eres la primera persona que lo ve en dos mil años, te sientes como si hubieses descubierto El Dorado".

Más allá de la ilusión por encontrar tesoros arqueológicos, una experiencia verdadera, excavar en Magdala supone para Jessa una "conexión física con la vida de Jesús. Si cuando visitas Tierra Santa como peregrino te das cuenta de una dimensión física de los evangelios que nunca entendiste antes, trabajando en Magdala vas un poco más lejos. Ayudas a abrir con tus manos, poco a poco, una cápsula del tiempo de la época de Cristo".

Mark, al conocer el Amor vivo en la Eucaristía, decidió leer entera la Biblia, libro que en Tierra Santa se ve en imágenes vivas: "Desde mi primera visita a Magdala, yo me sentí lleno del amor de Cristo. Viviendo esas siete semanas en la casa de los voluntarios, con gente tan diferente pero compartiendo algo tan grande, es fácil ver cómo Jesús está muy vivo en cada uno de nosotros. Cuando ahora leo las Escrituras, cobran vida en mí, porque los escenarios y las escenas descritas en ellas forman parte de mi experiencia personal de trabajo y de convivencia".

María Carrera, la enfermera de Madrid que comparte nombre con Magdalena, pensó que un mes iba a ser mucho tiempo, pero enseguida se dio cuenta de que sería muy poco: "Una de las riquezas de este voluntariado es la cantidad de cosas diferentes que haces en un solo día. A mí, por ejemplo, nada más llegar me dijeron que limpiara la granja. En mi vida he tenido ni si quiera un perro en mi casa y de pronto tenía que limpiar las cuadras de los burros, las ovejas, las cabras, las gallinas, y de un par de camellos. Cuando estaba limpiando mi primera mañana, una cabra se puso de parto, y mi marido y yo poco menos que hicimos de parteros, junto con un beduino que había por allí. Pero del parto de la cabra pasé en seguida a picar en las excavaciones, luego a limpiar los jardines, y a guiar un grupo de españoles. ¡Todo en un día! Y en Magdala, al servicio de los demás y por amor a Dios. Esto es una escuela evangélica viva".

Para Marina, su tiempo en Magdala fue un tiempo "de crecimiento y de sanación, porque si bien es cierto que uno viene a poner sus habilidades al servicio de Dios para mejorar este proyecto, me parece que el que termina siendo mejorado por la mano de Dios, es uno mismo". Algo parecido cuenta Claudia: "En realidad, el voluntariado en la Tierra de Jesús es un medio que Jesús ha querido utilizar para amarme y enamorarme más, invitándome a ir mar a dentro desde las orillas de este, su lago, hacia mi interior. Esta experiencia es una invitación a vivir la vida cristiana desde dentro, desde las profundidades del amor de Jesús, y a dar testimonio siempre, y no solo si eres consagrado. Aquí se siente fuerte que la evangelización es una llamada para todos los cristianos, también para los laicos".

Para María, Magdala es un lugar excepcional en la vida del hombre, porque "puedes estar excavando en una calle de Magdala, levantar los ojos y darte cuenta de que cada cosa que ves a tu alrededor, la conoció Jesús. La sinagoga, estas casas, el puerto, estos empedrados en las calles... El padre Juan ha sabido ensamblar muy bien este hecho histórico con el centro de espiritualidad que se está construyendo, pues es un lugar abierto absolutamente a todo hombre que pase por aquí. Es un lugar en el que no se te pide ni el carné de católico ni el de ningún grupo o movimiento, en el que se te ofrece un lugar en el que descansar, un vaso de agua, y la presencia de Jesús, que desea encontrarse con todo el mundo, como cuando caminó por aquí. Quizá este sea el único lugar del mundo en que esto se vive así".

Para Jessa, en Magdala hay una maestra especial de la que se pueden aprender muchas cosas: "María de Magdala me enseñó con su presencia al pie de la cruz que en los días más oscuros, cuando hasta Pedro o Santiago te dejan, cuando tus enemigos te derrotan, y cuando incluso parece que tu Dios está muriendo, que hay que seguir a Jesús incluso hasta esa muerte, incluso hasta el fin del mundo, sin perder la fe. Ella le vio morir allí, al pie de la cruz, y ella fue la primera en verlo resucitado".

Mark, con una vida plena a sus espaldas, recomienda venir a Magdala cuanto antes, argumentando con firmeza su invitación: "Tengo casi sesenta años, pero no me avergüenza decir que he aprendido mucho ahora, en estas siete semanas. He aprendido mucho sobre mí mismo, sobre mi fe y mi relación con el Señor. Esta es una escuela privilegiada para ello. He aprendido de todos los voluntarios con los que he compartido esta experiencia. Han sido tantas cosas que no me es posible ponerles palabras y explicarlas. Baste decir que después de casi toda una vida, de haber hecho un largo camino del protestantismo al catolicismo, después de haber viajado mucho y de haber vivido en diferentes lugares, esta ha sido una de las experiencias más bendecidas de mi vida, y que me acompañará desde aquí hasta siempre".

Claudia anima a quienes puedan leer este texto a visitar Magdala, "porque si Dios les ha puesto en su corazón la inquietud por venir a Tierra Santa, ha sido Él quien les está pidiendo que vengan. Tierra Santa es el Quinto Evangelio, y en Magdala aún hay mucho por descubrir, no solo de las ruinas, sino sobre uno mismo y Dios".

Su amiga Marina anima desde El Salvador a seguir la misma senda que Claudia y los demás: "Lo que Dios tiene pensando para nosotros siempre va a ser más grande que cualquier cosa que pensemos nosotros. Si estás pensando venir, no tengas miedo. Es Dios quien llama, acompaña, dispone y quien hace en tu vida, cuando te pones en sus manos, a través de un proyecto como este. Dios hace siempre nuevas todas las cosas".

María Carrera se despide animando a visitar Tierra Santa, al menos una vez en la vida: "Si eres cristiano, esta también es tu tierra. Aquí te es tan fácil ponerte en la piel de los discípulos de Jesús, de las personas que le vieron y le conocieron... Hay que venir. Aquí aprendes en unos días cosas sobre ti y sobre Jesús que no aprendiste durante años en tu casa. No es un viaje normal, es absolutamente diferente, y volverás a casa cambiado, y así podrás cambiar tu casa".

Capítulo 19
DUC IN ALTUM: LA IGLESIA DEL ENCUENTRO CON JESÚS

Durante siglos y milenios, los profetas del Pueblo de Israel anunciaron la llegada del Mesías, el Hijo de Dios que se haría hombre para liberarnos de la opresión que nos hizo mortales, pues en los planes iniciales de Dios estaba nuestra eternidad, hasta que en un momento dado, los hombres decidimos, por nuestra propia voluntad, separarnos de la de Dios.

Generaciones enteras de judíos nacieron y murieron sin poder ver al que estaba anunciado que vendría con poder suficiente para rehacer la alianza rota entre las criaturas y el Creador. Generaciones enteras cuyo mayor sufrimiento era el saberse no reconciliados con el Padre. Generaciones entre las que hubo de nacer, de una virgen de Nazaret, el Hijo de Dios entre los hombres. Tanto tiempo esperándolo y nació en un establo, entre el mugido de una vaca y el rebuzno de un asno. Al calor de una pequeña lumbre echa de leña y heno. Poco, muy poco le pudo ofrecer su padre en la Tierra, al Dios bebé y a su madre, a la hora de nacer.

Así, de incógnito, pasó sus primeros años, viviendo la experiencia del huido siendo perseguido por Herodes[1]. La del refugiado, siendo acogido como extranjero en Egipto, por alguna comunidad en la que su padre encontró trabajo y cobijo para ellos. La del que regresa a casa una vez que el peligro ha desaparecido. La del joven y adolescente judío que, como uno más, crece en un hogar bajo las enseñanzas de la vida, de su familia y de la Palabra. Hasta que cumplió algo menos de treinta años, vivió una vida muy normal. Quizá demasiado para lo que podíamos haber imaginado.

Llegó un momento en que Jesús ya estaba en boca de todos. La fama por sus milagros había llegado, de una u otra forma, a los oídos de cada galileo de la ribera occidental del lago. Algunos, suponemos que exagerados. Otros, posiblemente manipulados. Pero poco se podía hacer por ocultar el testimonio de aquellos paralíticos, conocidos desde siempre por todos sus vecinos, que regresaron a casa caminando después de un encuentro con Él. O de aquellos que habían sido curados de una lepra, una sordera o cualquier otra enfermedad. Fuera quien fuese aquel hombre, merecía la pena ir a buscarlo.

Lo poco que se sabía de Jesús es que ejerció de artesano en un taller de Nazaret junto a su padre, un hombre bueno llamado José.

Jesús heredó el taller a la muerte de su padre y trabajó duramente en él hasta que, un buen día, dejó aquello atrás y comenzó una vida errante en los alrededores del Mar. Viajó primero hasta el Jordán, adentrándose en el

---

[1] Herodes el Grande (73 a.c.- 4 d.c.). Rey de Galilea, Judea, Samaria e Idumea, desde 40 a.c. hasta su muerte.

desierto, para quedarse cuarenta días en él después de ser bautizado por un profeta, un pariente suyo llamado Juan que acabó sus días preso y decapitado, como preludio de una tragedia que también le alcanzaría a Él.

Al regresar a Galilea le seguían dos discípulos del Bautista, uniéndose a ellos después algunos más a los que Jesús fue llamando por su nombre.

Jesús hablaba con autoridad sobre cosas que, aún no siendo entendidas, prendían una llama desconocida, dulce y que no quemaba, en el corazón de quien le escuchaba. Por si no fuese suficiente, hizo con ellos signos asombrosos como testimonio de un poder no humano que sometía a la naturaleza. De hecho, fue una pesca imposible, en un día de miseria, lo que arrebató el corazón de Pedro y de su hermano Andrés, dos recios galileos que, a partir de aquel día, dejaron todo de lado, tal vez con la intención de volver unos días después, por el mero hecho de conocerle y estar con Él. Quien les iba a decir aquella mañana cualquiera que con el paso del tiempo, darían su vida por Él.

Uno de los relatos que circulaban por ahí sobre Jesús hablaba de un acontecimiento milagroso ocurrido en Caná, a media jornada de camino desde Magdala. Al parecer, las bodegas de la casa de una familia no dieron a basto en plena boda de uno de los hijos. Entonces, Jesús, urgido por su madre en situación incómoda, ordenó a los criados llenar unas tinajas de agua de la que sacaron vino después. Y eran no unas pocas tinajas, no. Hubo vino inagotable, de una calidad excepcional, hasta que terminaron las fiestas del enlace, unos días más tarde.

De esto se hablaba ya también en Cafarnaum, donde se había instalado, cuando comenzó a frecuentar su sinagoga los sábados, levantándose habitualmente para leer y compartir la Palabra. Sin bien es cierto que en muchos causaba admiración, el interés por Él dio un vuelco mayor aquella mañana en la que, en medio de su predicación, un terrible rugido más cerca de lo animal que de lo humano, salió del pecho de un hombre retorcido en mil espasmos[2]. Era un vecino, un conocido de Cafarnaum, que acostumbraba a frecuentar la sinagoga también los sábados. Ese día, la presencia de Jesús despertó en este hombre algo enfurecido que, con diferentes voces bestiales, entrelazadas y solapadas con alaridos, le señalaron, llamándolo por su verdadero nombre con todo el odio del Infierno:

—¿¡Qué tenemos nosotros que ver contigo, Jesús de Nazaret!?

El eco de ese grito rodeó a todos los presentes en la sinagoga cuando, inmediatamente después, dos voces diferentes, salidas del mismo hombre, rugieron de nuevo a la vez:

—¿¡Has venido a destruirnos!?

Los testigos quedaron petrificados ante aquella escena salida de una pesadilla. Sin darles tiempo a reaccionar, el hombre poseído comenzó a escurrirse por el suelo hacia Jesús como se arrastra una serpiente. Una vez ante Él, alzó el cuerpo y la cabeza manteniendo sus piernas estiradas en el suelo. Mostró entonces una sonrisa burlona en una boca de la que salía una lengua siseante y, mirando a Jesús, lo desafió de nuevo con una sola voz. En esta ocasión tenebrosa y ronca, más pausada, como salida de un muerto que le conocía en persona:

---

[2] Leer Lucas 1, 21-39.

—Sé quien eres.

El silencio más incómodo del mundo flotó en esa sinagoga. Jesús lo siguió mirando a la cara. Veía en ella el dolor y el sufrimiento de un hombre, al mismo tiempo que sabía que en él habitaba todo el odio del Infierno, al que había llegado la hora de derrotar. El Demonio cometió entonces el que iba a ser uno de sus últimos errores, delatando ante los hombres a éste del que lo poco que se sabía, es que era carpintero:

—¡¡¡¡Eres el Santo de Dios!!!

Jesús, impasible ante el rugido, sin dejar de mirar a ese nudo desencajado de estertores disfrazado de hombre, se puso de pie como un resorte y con la voz humana más parecida al sonido de un trueno, le gritó señalándole:

—¡¡¡Calla!!!

Como si hubiesen visto un fantasma, las criaturas que poseían a este hombre le postraron de rodillas en el suelo, con la mirada asustada y temerosa, dirigiendo sus ojos inyectados en sangre a quien le ordenaba silencio. En ellos se veía el miedo de un perrillo asustado que sabe que ha terminado su tiempo de paseo y al que van a encadenar. Jesús, caminando hacia él sin ningún asomo de miedo, se detuvo a menos de un paso de aquello, volviéndole a gritar con fuerza y autoridad:

—¡¡¡¡Cállate y sal de ese hombre!!!

La voz de Jesús no había aún dejado de retumbar en las paredes y este pobre endemoniado se retorció hacia atrás sobre su cuerpo en una postura imposible. Fue ahí cuando el espíritu inmundo que lo habitaba se dejó oír por última vez en un bramido infernal, abandonando el cuerpo que habitaba hacia el abismo del que había salido tiempo atrás.

Nadie se atrevía a mover un dedo, ni a respirar. Cuando los testigos pudieron regresar de su conmoción al tiempo real, solo vieron a Jesús abrazando a este hombre que se deshidrataba en lágrimas de agradecimiento. Jesús en el suelo con este galileo encogido en su regazo, sollozando como un niño cautivado por la salvación de un padre ante un tormento insoportable, que lo humillaba y mortificaba desde que tenía recuerdos.

La pregunta se fue abriendo espacio, entre el desconcierto generado, en la cabeza de los sabios y notables de Cafarnaum. ¿Quien es? ¿Quien le ha dado poder para someter a los demonios? ¿Realmente es el Santo de Dios, el Mesías esperado?

Sin darles tiempo a preguntas ni juicios apresurados, Jesús se marchó a casa de Pedro, donde la anciana suegra del pescador se encontraba encamada con una fiebres espantosas y dolores por todo el cuerpo. Le avisaron, Él solo se acercó a ella, la tomó de la mano y, al instante, se recuperó, poniéndose a servir la comida del día como si no hubiese pasado nada. Todo esto, en la misma mañana. No es por tanto dudoso de ser cierto que por la tarde llevaran a la puerta de la casa de Pedro a todos los enfermos del pueblo.

Ya entrada la noche, Jesús se retiró a descansar para madrugar al día siguiente. Una vez que hubo dormido algo, consciente de que su misión había empezado, subió al monte de allí al lado estando aún oscuro, para orar un rato. Ahí, en ese descanso espiritual, a solas con Abbá, se reponía a veces más que durmiendo.

Estaba Jesús ensimismado en una conversación silenciosa con el Padre cuando Pedro y otros discípulos le interrumpieron. Aún no brillaban sobre las aguas del lago los dorados rayos del sol por la mañana. Venían sus amigos a avisarle de que ya desde tan temprano, había llegado gente a casa preguntando por Él.

—Todos te buscan —fueron las palabras de Pedro.

Jesús les miró con entereza y luego fijó su mirada en el lago. Una pareja de grullas desperezadas ya pescaban ranas y algún pececillo que llevar al nido para que sus crías desayunaran. Todo estaba en calma. Una calma preciosa. Entonces Jesús, mirándoles de nuevo, contestó a los dos discípulos:

—Vámonos a otra parte.

Pedro y su hermano Andrés le miraron con dudas. ¿Para qué ir a otros lugares si la gente había venido a buscarle aquí, a Cafarnaum? Ante sus caras de desconcierto, Jesús les explicó:

—Vamos a los pueblos vecinos, para predicar allí también.

Poniéndose de pie, sentenció.

—¡Para esto he venido!

Se puso en marcha decidido, yéndose a predicar en la sinagogas judías por toda Galilea, expulsando los demonios.

De los pueblos vecinos de Cafarnaum, el más cercano era Tariquea, conocida como Magdala en arameo, lengua madre de los galileos. Allí había una sinagoga que no le era desconocida. No en vano, para ir a Cafarnaum desde Nazaret, es la primera sinagoga que se encuentra una vez que llegas a la ribera del lago.

Al llegar a Magdala, la muchedumbre lo reconoció, y el alboroto que se formó a su alrededor pilló desprevenidos a los que le seguían desde Cafarnaum. Pedro, Andrés, Santiago, Juan y todos los demás, no daban a basto para quitarle literalmente de encima a tanta gente que se acercaba tan solo para tocar su manto, para verle la cara o para escucharle decir algo. Los sucesos del día anterior ya habían corrido como la pólvora entre los lugareños, cómo para no hacerlo, y para los habitantes de Magdala fue una bendición que el que ya muchos consideraban un enviado de Dios, visitara su aldea.

De camino al puerto curó a cuantos enfermos le tiraron a su paso. No eran gente delicada estos pescadores galileos. Más bien brutos, apesadumbrados por la carga de una vida hostil, sometida siempre bajo las impuestos de un imperio invasor y la dureza de un trabajo de sol a sol, para el que tener un hijo enfermo era considerado una maldición.

Al llegar al puerto, Jesús bajó por la rampa mojándose los pies y, de un salto, se subió a una barca de pesca allí atravesada. Tras Él, el agua del lago y el azul del cielo. Ante Él, miles de hombres y mujeres movidos por la curiosidad, por saber qué les tenía que decir este hombre con el poder del Cielo.

Al principio, costó oírle. Los rumores y siseos desconfiados confundían los sonidos. Sin embargo, no necesitó hablar mucho para que la gente se callara. Bastaron algunos gestos para captar la atención de toda la explanada del puerto, abarrotada por los vecinos de Magdala y por los comerciantes curiosos que esos días bajaban de paso por la Via Maris.

La figura de Jesús era imponente. Era más alto que la mayoría de ellos. Su mirada llena de fuego traspasaba a quien cruzara la suya con Él. Sus manos fuertes, grandes, recias, eran callosas como las suyas, signo de haber trabajado tanto como ellos. Sus sandalias, desgastadas aún siendo de cuero bueno, denotaban jornadas enteras de camino, como las de los viajeros. Sin que sonase allí ninguna música celestial, lo que empezó a decir fue lo que empezó a cambiar la curiosidad de la gente en ansiedad por seguirle oyendo. Eran esas palabras, sus palabras dichas con tanta autoridad, explicando las Escrituras y escrutando sus corazones, lo que fue aliviando las cargas de aquellos hombres que jamás habían oído hablar de conceptos tan necesarios para el corazón humano como los son el hijo pródigo, la oveja perdida, la levadura que fermenta la masa, el sembrador. De hecho, esa parábola del sembrador es la que se cuenta en los Evangelios con Jesús narrándola desde una barca. Esos oyentes que rodean a Jesús desde la orilla son la primera siembra del Sembrador. Las primeras semillas que den fruto estaban ahí sentadas. De ellas, luego salieron otras siembras y otras cosechas, así hasta nuestros tiempos.

Jesús les propuso una forma de vida nueva, pero empapada de su misma fe. Su mensaje era absolutamente revolucionario. Les enseñaba con ejemplos sencillos, usando metáforas como podían ser sus propios trabajos en el campo o en el mar, o las travesías por páramos y caminos desconocidos. Así, les anunciaba la Buena Noticia de la llegada del Mesías, hablándoles de una esperada liberación que estaba ya más cerca que lejos. No, no estaban sus palabras cargadas del odio de los zelotes, ni de los reproches de los fariseos. Sus palabras eran caricias que los cubrían como una manta que les hacía sentir, por primera vez en su fría vida, un poco del calor del Cielo. Cuando querían darse cuenta, el corazón les saltaba en el pecho con una alegría desconocida, deseando llegar a casa para contarles a sus familias aquella historia del sembrador, o la de aquella viuda, y esa otra de las criadas... Sus palabras a veces parecían hablar más del Cielo que de la vida cotidiana de Magdala y, sin embargo, entendieron que Él era uno de ellos porque les hablaba a ellos y de ellos.

Al bajarse de la barca, atendió en persona a unos cuantos. Le consultaban dudas personales y Él les atendía con paciencia. Empezaron a acercarle también los enfermos a los que habían traído sus familiares a lo largo de la mañana. Aquello era un desfile muy real de la limitada condición humana, y Jesús se compadecía de todos. Les preguntaba, rezaba por ellos, se interesaba. Les miraba a los ojos y les atendía, un absoluto lujo al que, por la dureza de aquella sociedad, no estaban acostumbrados.

De pronto, en medio de la calle que subía desde el puerto hasta la sinagoga, al llegar a la plaza del mercado, una mujer se retorció de un lado al otro del enlosado al paso de Jesús. Parecía como si la arrastrasen siete bárbaros tirándola de los pelos, dispuestos a matarla contra las piedras del suelo. Sus gritos, alaridos inefables para el entendimiento humano, recordaban a los gritos de los puercos al morir en la matanza.

La pobre criatura que luchaba contra aquella fuerza que la superaba, era una mujer joven, de una belleza natural desnaturalizada, con un rostro como amoratado, los ojos hinchados de dolor y con los labios agrietados como las piedras del desierto. Sus vestidos, muy caros, estaban raídos como si hubiesen servido de nido a un millón de ratones. Su uñas, rotas. Sus pies, despellejados contra el suelo en el que se arrastraban.

Una voluntad extraña poseía a aquella joven como el que somete a un potrillo moliéndolo a palos. La escena resultaba humillante no solo para ella, sino para toda la raza humana que la contemplaba entre el asombro y el temor. Jesús no hizo mucho. Sencillamente se acercó a ella, quien, como paralizada, combatía interiormente una batalla entre una naturaleza que buscaba la huida y otra que la ataba a la mirada del Señor. Una vez delante de la chica, Jesús extendió su dedo y la tocó en la mano. Como se desinfla la vela de un barco al amainar una tormenta, así cayó la muchacha sobre sus rodillas, pareciendo haberse adormecido durante unos segundos en el suelo del mercado. De pronto, alzó la mirada como si despertara de un sueño. Su cara era otra. El gesto de profundo sufrimiento que la atormentaba había dejado paso a una mirada viva, a una cara guapa. Toda la gente de Magdala pudo ver por fin la verdadera belleza de esta joven a la que todos conocían por el nombre de María. Ellos sabían bien quien era y de qué familia venía, pero a partir de ese momento, ya poco importaba, pasando al olvido todo lo vivido. ¡Era una mujer nueva! O tal vez, mejor dicho, una mujer que a partir de encontrase con Cristo, a partir de esa liberación, volvió a ser quien ella realmente era y que, por un ataque de Satanás, había dejado de ser.

Ahí empezó la historia de la auténtica María de Magdala, una mujer joven y pudiente que poniendo sus bienes al servicio del Señor, entregó su corazón a la causa de la propagación del Evangelio. Se convirtió así en la mujer más activa en su predicación. La primera de una estirpe, la de las mujeres de la Iglesia, que en los albores del siglo XXI puede presumir de haber mantenido, en no pocas ocasiones, todo el peso de las necesidades de la Iglesia, sobre todo de esa Iglesia maravillosa que es la Iglesia Doméstica. A veces con silencio y oración, otras con una vida activa, y siempre con una entrega generosa, poniendo todo el amor como solo una mujer sabe poner, ya sea madre, esposa, hija, hermana, amiga o novia. Parte de la Iglesia de Magdala ha sido dedicada a ellas. Una iglesia que ha sido llamada *Duc in altum*, que quiere decir "rema mar adentro", en referencia a la invitación que Jesús le hizo a Pedro de adentrarse en el Mar que hay detrás de este templo. La iglesia en sí, está dedicada al Jesús Predicador, tema que hasta ahora parece que no había sido presentado explícitamente en ninguna otra iglesia de Tierra Santa.

Jesus se sirvió de colaboradores hombres, y de colaboradoras mujeres[3], para llevar a delante su misión. Ellos fueron el primer eslabón de una cadena que llega hasta nuestros días.

Hoc loco Sancto Sanctissimae Trinitate ecclesia grates rependit pro Mysterio mulieris pro unaquaque mulierum pro aeterna earum dignitate proque magnalibus a Deo in humanarum aetatum historia in ipsis peractis
"En este lugar santo, la Iglesia da gracias a la Santísima Trinidad por el Misterio de la Mujer y por cada mujer, por lo que constituye la medida eterna de su dignidad femenina, por las maravillas de Dios que, en la Historia de la Humanidad, se han cumplido en ella y por medio de ella".

Este texto en latín corona hoy la cúpula de la entrada a la Iglesia de Magdala. Se puede decir más alto, pero no más claro. No lo dijo el padre Juan, sino el Papa de

---

[3] Leer la catequesis pronunciada por Benedicto XVI, en la audiencia general del 14 de febrero de 2007, titulada "Las mujeres al servicio del Evangelio".

su juventud, hoy santo, Juan Pablo II. Lo dejó escrito en la carta apostólica titulada *La dignidad de la mujer*[4]. Lo que ha hecho el padre Juan es reproducirlo en un lugar privilegiado del Proyecto Magdala. Así, la cita puede leerse alrededor de la cúpula de la antesala de la iglesia, en un lugar llamado Atrio de la Mujeres, especialmente al papel de la mujer en el Ministerio público de Jesús. En la cúpula se puede ver un enorme fresco que reproduce un detalle de la imagen de la Virgen de Guadalupe. En concreto son las manos orantes de la imagen, apoyadas sobre su corazón, y parte de su manto estrellado. Bajo la cita ya descrita, soportan la cúpula de la guadalupana ocho columnas de piedra, nombradas cada una con la identidad de diferentes mujeres que tuvieron su papel en la vida pública de Jesús.

La primera columna a la derecha, según se entra al atrio desde la calle, es la dedicada a María Magdalena, siendo la anfitriona en una iglesia construida en Magdala, su cuidad natal. La columna siguiente tiene la inscripción en latín que dice "Otras muchas", citando a las demás mujeres de las que sabemos que eran discípulas de Jesús, pero sin revelar su nombre concreto; La siguiente está dedicada a María la de Cleofás; y la última por este lado, a la suegra de Pedro.

Las cuatro columnas de enfrente están dedicadas a Salomé, madre de los apóstoles Santiago y Juan; a Marta y María, hermanas de Lazaro; a Susana y Juana, esposa del administrador de Herodes, y finalmente, una última columna que no tiene inscrito ningún nombre. En este momento de la explicación de la iglesia que el padre Juan

---

[4] Basado en Mulieris Dignitatem num. 31, (Juan Pablo II, 1988).

[263]

está haciendo a un grupo de peregrinos, mira sonriendo a una mujer y le pregunta.

—¿Sabe a quien está dedicada esta última columna que no lleva nombre?

La señora duda nerviosa, y mordiéndose el labio, se aventura.

—¿A la Virgen María?

—No, ella está en el fresco de la cúpula, cobijando a todas las demás. Prueba otra vez.

—No sé padre, pueden ser tantas...

—¿Lo sabes tú?— pregunta al que debe ser marido de la mujer.

—¡A Eva!

—No, Eva es del Antiguo Testamento. Estas columnas están dedicadas a las mujeres que acompañaron a Jesús en su vida pública, en sus predicación en Galilea y en Jerusalén.

Ante el silencio del matrimonio, el padre volvió a mirar a la señora, dándole la explicación a tanto misterio.

—Esta columna no lleva nombre porque es la que está dedicada a usted, señora.

La repuesta pilló por sorpresa a todas las mujeres de ese grupo de peregrinación, que se podían esperar cualquier cosa menos tener una columna dedicada en una iglesia de Tierra Santa.

—¿A mí, padre?

—Sí. A usted. Esa es su columna. Usted está reconocida en la iglesia de Magdala.

—¿Por qué? ¡Si yo jamás estuve en Tierra Santa!

—Porque es la columna que está dedicada a usted y a todas las mujeres que, a lo largo de la Historia, han construido la Iglesia.

Algunas de ellas no pudieron contener su emoción y, antes de decir nada, el padre Juan apuntó:

—Quiero decirles ahora una cosa. Yo suelo preguntar a los peregrinos que visitan Magdala, quien fue la persona que más influyó en su fe desde que eran pequeñitos. Siempre, salvo en cuatro ocasiones, la respuesta que me dan es una mujer. Su madre, la abuela, una profesora, una catequista o una monja... casi siempre una mujer. Es por eso que yo creo que la mujer ha construido la Iglesia más que los hombres. Por eso le hemos dedicado una columna a la iglesia de Magdala a todas la mujeres que por su fe y su amor a Dios, con su entrega anónima, han contribuido a la obra de Dios.

»En torno a este atrio tenemos cuatro capillas, todas ellas del mismo tamaño, y dedicada cada una a una escena diferente de la vida pública de Jesús en Galilea. Estas escenas están representadas en cuatro mosaicos de cristal de murano, cada uno de los cuales contiene doscientas cincuenta mil pequeñas piezas de color.

»La primer capilla, a la derecha según se entra, está dedicada a la escena del exorcismo de María Magdalena[5]. En el mosaico se puede ver a Jesús frente a María Magdalena, y vemos también cómo de ella salen siete demonios. Uno de ellos tiene forma de serpiente, y los otros seis son seis diablillos negros que huyen despavoridos. No es casualidad que esta capilla esté justo detrás de la columna de María Magdalena. En la imagen, se ve muy bien la transformación que supuso en María el encuentro personal con Cristo, dando testimonio de que así puede suceder con nosotros también.

---

[5] Lucas 8, 2.

»La siguiente capilla muestra la escena de Pedro hundiéndose en el agua del lago, pidiéndole ayuda al Señor[6]. Encima de la escena vemos la cita evangélica de la que ya hemos hablado también, que dice: "Hombre de poca fe, ¿por qué has dudado?". Esta capilla está detrás de la columna de la suegra de Pedro.

»La primera capilla por el otro lado es la dedicada a la resurrección de la hija de Jairo[7]. En la imagen se ve en primer término la escena descrita en los evangelios, y enfrente de la escena principal, se ven escenas de la vida cotidiana de Magdala: dos hombres sazonando el pescado en una pileta como las que hemos encontrado en las excavaciones, dos mujeres en el mercado, y al fondo, pequeña, la sinagoga de Magdala, con el Monte Arbel a sus espaldas. Esta capilla la pusimos porque es la única resurrección que refiere el Evangelio de una mujer. Y el hecho de situarla en Magdala es una presunción, no hay datos concretos, pero nos ha gustado hacerlo así.

»La cuarta capilla está dedicada a la llamada de Pedro y Andrés[8], Santiago y Juan. El mosaico ofrece la imagen de los dos hermanos lavando sus redes junto a su barca, y se ve cómo el Señor se acerca a ellos y les dice algo. La inscripción aquí es: "Venid conmigo, y os haré pescadores de hombres". Al fondo de la imagen se ve un pueblo, que es Cafarnaum. Esa capilla se puso ahí porque en esa dirección, está la auténtica Cafarnaum, y la columna que hay junto a ella es la de la madre de Juan y Santiago, que

---

[6] Mateo 14, 22-33.
[7] Mateo 9, 18-26.
[8] Marcos 1, 16-20.

en la imagen están detrás de Pedro y Andrés, como describe el Evangelio.

»Volviendo al Atrio de las Mujeres hemos colocado la pila bautismal, porque es en el seno de la madre donde un hombre es concebido. De la misma manera, en el Bautismo recibimos la vida de la Iglesia. Es allí donde la Iglesia genera a los hijos de Dios. Por eso la llamamos Madre. Por eso está aquí, bajo el corazón y las manos orantes de la Madre de la Iglesia y de los hombres.

»Una vez que dejamos atrás el Atrio de las Mujeres, entramos en la iglesia principal atravesando un enorme ventanal. Lo que encontramos es una iglesia de un cuerpo que tiene unos 50 metros de largo por unos veinticinco de ancho, muy luminosa, con tragaluces en los techos y amplias ventanas en los laterales. La impresión que se vive al entrar es difícil de describir. Resulta complicado encontrar en el mundo una iglesia moderna en la que la gente se quede admirada, quieta, al poner sus pies allí dentro. Se quedan tiesos de la impresión.

»Como les dije, para empezar, los visitantes se quedan sorprendidos porque tiene mucha luz, y en pleno día te puede llegar a deslumbrar un poco. Segundo, porque no es habitual lo que se encuentran al primer golpe de vista. De frente, en vez de un altar, lo que se ve es una enorme barca de madera. Es la réplica, en forma y tamaño, de una barca de pescadores del siglo I. Su mástil puede insinuar una cruz, y en un lado tiene un sagrario. Pero cual es la sorpresa cuando la gente se da cuenta de que en realidad, la barca es el altar. Es la reproducción más fidedigna que hemos podido hacer de aquella primera imagen que se grabó en mi corazón cuando, en mi primera visita a Magdala, imaginé una iglesia con una barca, reproduciendo esas imágenes del Evangelio en las que Jesús predicaba desde una barca, en la orilla, y la gente le escuchaba alrededor, sentados en la playa. Para conseguirlo con mayor realismo, tras el altar no hay pared. Hay una enorme cristalera desde la que lo que se ve es el agua del Mar de Galilea, cuya orilla está a solo cincuenta metros. Les aseguro que no hay retablo más impresionante en todo el mundo, y lo hemos logrado poniendo solo un pedazo de cristal.

»Para lograr un mayor efecto, para facilitar incluso en los sentidos ese encuentro personal con Cristo que tratamos de ofrecer aquí, el suelo de la zona del altar es un mármol verde que imita el color del agua del mar, y justo por detrás de la cristalera, hemos colocado a ras de suelo una piscina rebosante. Así logramos dos efectos visuales impresionantes. El primero, que parece que la barca está sobre el agua. Uno no sabe distinguir muy bien donde acaba el suelo y donde empieza el mar, y entre ambos se confunde el perfil de la barca. El otro es que según las horas del día, el reflejo del agua de la piscina rebosante ilumina con su reflejo con movimiento el techo de la iglesia, y parece realmente que la barca, que el altar, está flotando sobre el Mar.

»La barca es obra de María Jesús y su marido. La hicieron con madera de cedro del Líbano. Es muy cara, pero la Providencia también estuvo aliada con nosotros en esto. Resulta que el árbol estaba en el jardín de una casa que ellos conocían, medio partido, a punto de morir seco. Cuando María Jesús vio el cedro enseguida se dio cuenta de que era la barca. Además, ¡qué más apropiado para hacer un altar-barca en Galilea que un cedro del Líbano!

»La iglesia tiene doce columnas, seis a cada lado. Sobre cada una de ellas hay un icono de dos metros de cada uno de los apóstoles. Esto lo hicimos así porque esta iglesia está dedicada a la vida pública de Jesús en Galilea. Por eso también pusimos a Judas, porque él también estuvo. Era galileo, como los otros. Lo que no le hemos puesto a él es la orla de santidad, y mientras que los nombres de todos, esculpidos en piedra, los hemos pintado de oro, el suyo lo hemos dejado del color de la piedra.

»Cómo no, en cada lado del altar hay también dos iconos más. Uno de la Virgen María Discípula, y otro de Cristo Maestro.

»Si les gustan las nuevas tecnologías, esta iglesia es un juguete asombroso. Es una iglesia del siglo XXI, con las necesidades y detalles diseñados pensando en los miles de peregrinos que van a visitarnos a lo largo de los años. Tenemos un equipo de sonido polivalente, a través del cual podemos compatibilizar seis actos diferentes en las diferentes capillas y espacios. También tenemos una red de cámaras de internet por la que una persona pueda seguir un acto desde cualquier parte del mundo, en directo.

»En la parte de abajo del Atrio de la Mujeres, hemos construido una capilla interreligiosa. Ahí encontramos el enlosado del mercado de Magdala, y aprovechamos una parte de él para hacer el suelo de la capilla. La capilla en sí es una reproducción de la sinagoga de Magdala, un espacio al que puedan venir personas de otras confesiones o religiones, y tener un espacio para rezar a Dios Padre, también. Así hacía Jesús. Él se encontraba con los judíos, pero también con los samaritanos, y en no pocas ocasiones puso de ejemplo en su predicación a personas no judías, como la viuda de Sarepta o Naaman el Sirio. También está el caso del centurión romano que acude a Él y cura a su criado. No digamos ya de san Pablo, Apóstol de los Gentiles. No, no sería cristiano rechazar a los no cristianos en Magdala. Si la gente viene aquí buscando a Cristo, no les daremos con la puerta en sus narices. Cristo no actuaba así, y a demás, sería ir en contra de la dirección que han tomado los últimos Papas en temas de diálogo interreligioso y de unidad de los cristianos.

»El Papa Francisco bendijo el sagrario de Magdala. En su visita a Tierra Santa, en mayo de 2014, tuvo un acto en Notre Dame, por lo que yo fui el anfitrión. Pidiendo a tiempo los permisos necesarios, tuvimos un pequeño acto de presentación del proyecto y de bendición del sagrario. Fue algo muy breve que intentamos que fuese casi familiar, pero vinieron muchísimos amigos de Magdala, benefactores de todos el mundo, trabajadores y voluntarios del proyecto.

»Aprovechamos para regalarle al Papa Francisco otro pergamino con un texto conmemorativo, como hicimos con Benedicto XVI con motivo de la bendición de la primera piedra. En esta ocasión, el texto decía así:

"Acoge, oh Jesucristo, este nuevo esfuerzo de nuestro amor por el triunfo de tu reino"

El Papa Francisco, durante su peregrinación ecuménica a Tierra Santa, se dignó bendecir el tabernáculo de la iglesia de Magdala, dedicada especialmente a la predicación de Jesús y a las mujeres que le siguieron y sirvieron.

El nombre de la iglesia, "Duc in altum", nos recuerda el mandato de Jesús a Pedro, y es una invitación a todo seguidor a lanzar las redes para la pesca apostólica, seguros de que él siempre viene en nuestra ayuda y suple abundantemente nuestros pobres esfuerzos. Que Jesús renueve este mandato a las almas que visiten este santuario y que ellas sean dóciles a su Palabra Divina.

Jerusalén, Capilla de Nuestra Señora Reina de la Paz. Instituto Pontificio Notre Dame de Jerusalén. 26 de mayo de 2014.

»Cuando le mostré al Papa Francisco las fotografías de la iglesia y vio el texto de este pergamino, él exclamó:

—¡¡Qué sería de la Iglesia sin las mujeres!?

»Dos días después, el 28 de mayo, tuvimos la Misa de dedicación de la iglesia y la inauguración del Centro Arqueológico. Fue un evento de gran calado.

»En la inauguración del Centro Arqueológico participaron las altas instancias de la Autoridad de Antigüedades de Israel, y diferentes personalidades de la vida social y religiosa. Un acontecimiento muy comentado en Israel. Para ellos, esta sinagoga es un tesoro, y lejos de las suspicacias que en Occidente se pueden levantar, nos están ayudando. Les ha gustado que en nuestro proyecto se contempla la conservación de este lugar y el cuidado de su exposición.

»La Misa fue presidida por el Patriarca Latino de Jerusalén, monseñor Fouad Twal. La emitimos vía Internet en directo, por lo que hubo amigos de todo el mundo que la pudieron ver. También hubo muchos de los benefactores que viajaron explícitamente para participar en el acto. Fue una fiesta grande.

»El evento fue publicado en más de trescientos medios de comunicación de todo el mundo. Fue algo grande, y la presencia de tantos reporteros nos da una idea de la repercusión que tiene Magdala a varios niveles: religioso, científico, social, histórico, humano, espiritual... pónganle el apelativo que quieran. De una u otra forma, Magdala, oculta durante siglos por la tierra y el escombro, conservada durante años bajo los bungalós de un hotel llamado Hawai Beach, ya está señalada en rojo en el mapa de las peregrinaciones a Tierra Santa.

El padre Juan se tomó unos minutos para descansar la cabeza después de un relato tan largo e intenso. Repasar con la memoria todos lo sucedido en tantos años le sirve a él para no olvidar la manera en que la mano de Dios le ha ido guiando. Antes de irnos a descansar esa noche en Galilea, el padre Juan terminó su relato conmigo dando gracias a Dios, quien de nuevo le sorprende con una de sus sorpresas, alegoría de que la gracia de Dios en realidad, nunca deja de trabajar.

—¿Qué quiere que le diga llegado este punto? ¿Cómo lo hemos hecho? ¿Cómo hemos llegado? Por la voluntad de Dios, no por nada nuestro. Yo me conozco y me siento muy pequeño, pero la obra que ha hecho el Señor es muy grande. Todo empezó en mi primera visita a Galilea, y las cosas han ido sucediendo demasiado rápido como para asumirlas, como para saborearlas. Todo esto que tenemos hoy en Magdala, la iglesia y las excavaciones con las ruinas, ha sido fruto absoluto de un empeño de Dios por regalárnoslo. Yo no tengo capacidad ni ganas de complicarme la vida de esta manera. Desde el primer momento fue un impulso de Dios, un deseo de Dios que, en su humildad y amor por los hombres, se sirve de los más inútiles de ellos, y ahí estaba yo.

»Ahora quedan más fases del proyecto, pero la primera ya está concluida. Esto es una responsabilidad, pues ahora hay que darle vida, mantenimiento. No podemos caer en la complacencia de pensar que nuestro trabajo ya ha terminado. Ahora tenemos más trabajo que nunca, pues hay que atender a los cientos de peregrinos que ya vienen cada día. Al mismo tiempo, tenemos que ponernos en marcha sin perder el tiempo para emprender la segunda fase del proyecto, que es la casa de peregrinos. Empezamos de cero de nuevo. No hay ni un centavo en la caja, pero estoy convencido de que Dios moverá los corazones de nuevo a la generosidad, y aunque haya que trabajarlo un poco, Dios ya lo tiene todo pensado. No va a dejar esto a medias.

»De modo que, querido amigo, esto es todo lo que le he podido contar sobre el Proyecto Magdala. Es testimonio vivo y elocuente de la acción de Dios en la vida de los hombres. Es una propuesta abierta a dejarse hacer por Dios, pues como puede ver, nada que nosotros hayamos planeado para nuestras vidas, superará jamás lo que Él ha pensado antes que nosotros. Por eso, yo le digo que si dejamos hueco a Dios en nuestro corazón, si le damos la mano para hacer este camino juntos, nos llevará a lugares y acontecimientos que jamás habíamos ni soñado. Probablemente no serán los que habíamos elegido. Yo nunca me había visto a mí como constructor, mucho menos en Israel. No me había visto jamás como descubridor ni como arqueólogo. Y sin embargo, ya ve. Es verdad que nunca lo había imaginado, pero le digo que esto ha superado a todo, en las muchas o pocas expectativas de la vida que yo habría podido tener. Al fin y al cabo, yo lo único que quería hacer era construir una iglesia y una casa de peregrinos. La iglesia ya está, pero después de tanta historia, como ve, sigo teniendo que construir la casa de los peregrinos.

FIN

Epílogo
COMIENZA LA SEGUNDA FASE DEL PROYECTO MAGDALA. TERMINA ESTE LIBRO

Ese "quiero construir una casa de peregrinos" es la invitación que el padre Juan hace a todos los peregrinos que visitan Magdala, mientras sigue la incesante labor de difusión del proyecto y la necesaria recaudación de fondos, a la que tantos cristianos sensibilizados con la que fue la Tierra de Jesús, se sienten llamados a apoyar.

El padre Juan aprovechó un viaje a México y Estados Unidos en el verano de 2014, para hacer una serie de vistas a personas a las que Dios sembró la inquietud de ayudar en lo que fuera al Proyecto Magdala. Gente con recursos a los que la Providencia presentó al padre Juan.

Con la primera fase ya lanzada y a toda vela, se cierne sobre él ahora, al cierre de este libro, el reto de seguir trabajando por el Proyecto.

Una de estas visitas del citado verano fue a uno importante hombre de negocios del Estado de Georgia, en concreto en la ciudad de Atlanta.

La historia de esta visita se remonta al año 2006. Por aquel año, el padre Juan realizó unas fotocopias de baja calidad, con un par de fotografías en blanco y negro y unas lineas de texto, en las que esbozaba lo que por aquel entonces él imaginaba del proyecto.

Un día cualquiera de aquella primavera, pasó por Notre Dame Center un agente de viajes conocido del padre Juan. Este hombre llevaba grupos de peregrinos desde Estados Unidos con cierta frecuencia. Aquel día, este hombre se llevó con él un par de aquellas fotocopias.

Ya entrados en el caluroso mes de julio de Israel, el padre Juan recibió una llamada de entre tantas. Se trataba de un desconocido que le llamaba desde Atlanta y que le dio un nombre absolutamente desconocido para él. Según le comentó, le había llegado una de estas fotocopias y quería involucrarse con él en el Proyecto Magdala.

El padre Juan agradeció su interés, anotó su nombre, y quedó en retomar el contacto más adelante. No le dio mucha importancia, entre otras cosas, porque no tenía planeado ni a medio ni a largo plazo viajar a Atlanta ni a ningún otro lugar de Estados Unidos.

Sin mucho interés, pero con sentido de la responsabilidad, el padre Juan escribió un email a la casa de los Legionarios de Cristo en Atlanta, con el fin de ver si alguien podía ponerse en contacto con este hombre y gestionar el donativo que quisiera dar.

Cuando los padres de Atlanta recibieron el mensaje del Padre Juan Solana, no tuvieron más remedio que contestarle seriamente, poniéndole en situación, en los términos siguientes:

—Padre, usted nos pregunta si conocemos a este empresario, y ya que vemos que usted no sabe quien es, preferimos que sea usted quien continúe el contacto con él. Nos está hablando del empresario más importante de Atlanta, uno de los hombres más poderosos del Estado de Georgia. Si le ha abierto las puertas a una ayuda, debería ser usted quien venga a entrevistarse con él, cuanto antes.

Tom es un triunfador. Lo que los americanos llaman un *winner*. A sus más de ochenta años, amasó una importante fortuna afrontando diferentes negocios que van desde la construcción hasta el entretenimiento deportivo de élite. No en vano, fue la persona que en 1968 compró un equipo de baloncesto de San Luis, trasladando la franquicia a Atlanta y conservando su antiguo nombre de los Hawks. Así se inició la relación entre su ciudad y una de las marcas deportivas que forman el circo de la NBA, los Atlanta Hawks, cuya camiseta han vestido jugadores míticos como Moses Malone o Dominique Wilkins.

Cuando el padre Juan se ubicó respecto a este hombre, inició los contactos para concretar una reunión con él en Atlanta. Una vez allí, a primeros de septiembre, Tom le contó al padre Juan una historia asombrosa, que el propio padre relata para el cierre de este libro.

—Tom es protestante. Un buen tipo, una persona buena, un empresario excepcional, que ha mantenido en su vida los valores cristianos. Visitó Tierra Santa en los años noventa del siglo pasado y vivió una experiencia fabulosa, que le marcó profundamente. Al regresar a Estados Unidos decidió crear una fundación cuyo cometido es llevar a Tierra Santa a sacerdotes y pastores con el fin de renovar su fe, de refrescar su vocación.

»Una vez iniciada esa fundación, empezó a traer grupos de unos quince pastores y sacerdotes, protestantes y católicos, todos ministros cristianos. Los traía a Tierra Santa, les pagaba el billete y la estancia durante quince días. Pagaba todo él de su bolsillo.

»Como buen americano y empresario, pensó que tal vez le saldría más barato construir un par de hoteles aquí, pues su propósito era traer a mil ministros cada año, a los que había que alojar en hoteles locales.

»Él me pidió consejo y me puso en contacto con un consultor suyo que estaba en Israel. Al hablar con este hombre de su confianza, me dijo que pensaba que construir esos dos hoteles era una locura, y que al señor Tom le saldría más barato llegar a un acuerdo de colaboración con algún hotel local.

»A decir verdad, esta idea, surgida en 2006, fue la que me inició a contemplar el Proyecto Magdala en términos ecuménicos. Se trata de un presbiteriano que quería traer pastores y sacerdotes de cualquier confesión cristiana, ya fueran protestantes, evangélicos o católicos, con el fin de que renovaran su fe o su vocación. A mí, sacerdote católico, con toda mi formación y mis estudios en Roma y en España, con mis años de sacerdocio y viviendo ya en Tierra Santa, jamás se me pasó por la cabeza una iniciativa así. Me dio una lección de lo que significa ser ecuménico, de acogida, de respeto, de escucha y de diálogo. De modo que cuando descubrimos la sinagoga, pensé que este lugar cerraba un triángulo entre cristianos católicos, cristianos no católicos, y judíos, los *hermanos mayores* de todos los cristianos.

»Otro pastor protestante me dijo una vez que cuando los primeros cristianos rezaban en esta sinagoga, eran todos uno. Me di cuenta entonces de que tenemos que hacer esfuerzos para sacar adelante toda las virtudes de este lugar para construir la unidad de los cristianos, y para construir puentes con el judaísmo.

»En este último viaje he vuelto a visitar a Tom en Atlanta. Hace ya ocho años de nuestro primer encuentro, y él sigue enviando ministros a Tierra Santa, y sigue empeñado en construir allí un hotel. Yo, en todos estos años, he respetado su idea tal y como él la quiere llevar a cabo. Siempre le he dado mi humilde consejo, cuando me lo ha pedido, pero nunca jamás me he postulado para ser el beneficiario de su dinero y construir su hotel.

»La cosa es que Tom ya ha cumplido más de ochenta años, y tiene prisa por cerrar ese asunto. Sus personas de confianza y sus familiares más cercanos, le han aconsejado unirse al Proyecto Magdala para construir el hotel. Hace dos días estuve con él y sus ayudantes. Aún no está cerrado, pero he venido con el compromiso de un estudio serio para recibir un donativo. No sé si finalmente se concretará o no, pero una vez más, veo que Dios tiene prisa porque este plan salga adelante.

»Cuento esto para que quede constancia de que no puede ser nada más que la voluntad de Dios la que está moviendo los corazones de una serie de personas para concretar este proyecto. En medio de la mayor crisis económica de la historia del capitalismo, y cuando mi congregación está aún superando una crisis institucional de proporciones devastadoras, un empresario presbiteriano podría donar a un cura católico, una cantidad de dinero para construir una casa de peregrinos en un país amenazado de guerra constantemente. Lo remarco porque quiero que se den cuenta de que se sale de toda lógica humana. Es imposible de adivinar. Solo se puede dar gracias a Dios y ponerse manos a la obra. Si Dios quiere, construiremos este centro, para gloria de Dios y bien de todos los seres humanos.

Septiembre de 2014.

CRONOLOGÍA DE MAGDALA
(SEGÚN NUESTRO CALENDARIO GREGORIANO ACTUAL)

20 AC   Nace Herodes Antipas, Tetrarca de Galilea.

Año 0   Nace Jesucristo, en Belén de Judea.

5-10   Se construye la sinagoga de Magdala, a siete kilómetros de Tiberias.

29   Acuñación de la moneda encontrada en 2009 en la sinagoga de Magdala. En la misma se pueden leer los textos "Herodes Tetrarca" y "Tiberias".

30   Comienza en Galilea la vida pública de Cristo.

30-33   Comienza la tradición oral de la vida de Cristo. Posiblemente, también la escrita. Nacimiento de las primeras comunidades judeocristianas.

33   Pasión, muerte y Resurrección de Cristo, en Jerusalén.

33   Expansión de la tradición oral y escrita de la vida de Jesús por sus testigos.

37	Nace en Judea Flavio Josefo.
40	Se amplia la sinagoga de Magdala y se añaden importantes elementos artísticos, dandole una connotación única entre las sinagogas conocidas del siglo I.
62	Fecha aproximada de la redacción del Evangelio de san Marcos.
63	Fecha aproximada de la redacción del Evangelio de san Lucas.
64	Fecha aproximada de la redacción en griego del Evangelio de san Mateo, traduciéndolo de una versión anterior escrita por él mismo, años atrás, en arameo.
66	Estalla en Cesaréa Marítima la Gran Revuelta Judía contra el Imperio Romano.
66	Flavio Josefo es designado Comandante en Jefe de Galilea, e instala su cuartel general y residencia en Magdala.
67	Destrucción de Jotapata, ciudad galilea muy cercana a Magdala. Flavio Josefo es apresado durante la batalla.
68	Magdala es sitiada y ocupada por los romanos. La ciudad, con su sinagoga, es abandonada, pero sin ser destruida.
68	Se escribe el Papiro 7Q5 de Qumram, que reproduce versículos del Evangelio de san Marcos.

69 Liberación de Flavio Josefo.

70 Destrucción de Jerusalén, de la que Josefo es testigo ocular.

90 Fecha aproximada de la redacción del Evangelio de san Juan.

93 Flavio Josefo escribe su famoso Testimonio Flaviano, dentro de la obra Antigüedades Judías, en el que atestigua la vida de Cristo.

101 Fallece en Efeso san Juan, apóstol y evangelista.

101 Muere en Roma Flavio Josefo.

1906 Llegan a los terrenos de la actual Migdal un grupo de colonos católicos alemanes, en busca de la antigua ciudad de Magdala.

1908 Los católicos alemanes venden sus tierras a un grupo de colonos judíos rusos.

1948 Se crea el Estado de Israel independiente. Guerra palestino-israelí.

1960 Nace en Puebla, México, Juan María Solana Rivero.

1991 Juan María Solana es ordenado sacerdote, en Roma, por Juan Pablo II.

2004 El padre Juan Solana, LC, es enviado a Tierra Santa.

2006 El padre Juan compra para su congregación los terrenos del hotel Hawai Beach, en la orilla del

Mar de Galilea, con el objetivo de construir una iglesia y un albergue para peregrinos.

2009   Descubrimiento de la sinagoga de Magdala, así como de los restos de la ciudad antigua, datados por los arqueólogos en el siglo I.

2014   Inauguración de la iglesia de Magdala y del centro arqueológico.

2015   Comienza la segunda fase de la construcción del proyecto y continúan las excavaciones. Aún queda por excavar un noventa por ciento del terreno.

2016   Más de 75.000 peregrinos han visitado Magdala. Se puede decir ya que la vieja ciudad de María Magdalena ha entrado en el circuito de las peregrinaciones a los Santos Lugares. Se termina de escribir este libro.